DESDE ONTEM ATÉ AMANHÃ

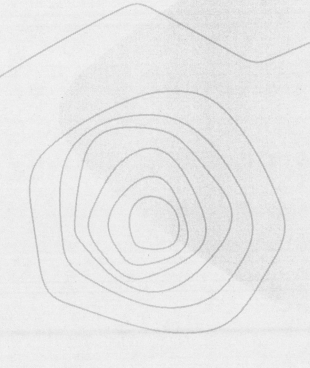

Editora Appris Ltda.
1.ª Edição - Copyright© 2023 da autora
Direitos de Edição Reservados à Editora Appris Ltda.

Nenhuma parte desta obra poderá ser utilizada indevidamente, sem estar de acordo com a Lei nº 9.610/98. Se incorreções forem encontradas, serão de exclusiva responsabilidade de seus organizadores. Foi realizado o Depósito Legal na Fundação Biblioteca Nacional, de acordo com as Leis nºs 10.994, de 14/12/2004, e 12.192, de 14/01/2010.

Catalogação na Fonte
Elaborado por: Josefina A. S. Guedes
Bibliotecária CRB 9/870

L933d
2023
	Lucas, Nelci Teresinha
	    Desde ontem até amanhã / Nelci Teresinha Lucas. – 1. ed. –
	Curitiba : Appris, 2023.
	    137 p. : il. ; 21 cm.
	
	    ISBN 978-65-250-5185-7
	
	    1. Memória autobiográfica. 2. Infância. I. Título.
	
	                                        CDD – B869.3

Editora e Livraria Appris Ltda.
Av. Manoel Ribas, 2265 – Mercês
Curitiba/PR – CEP: 80810-002
Tel. (41) 3156 - 4731
www.editoraappris.com.br

Printed in Brazil
Impresso no Brasil

DESDE ONTEM ATÉ AMANHÃ

Nelci Teresinha Lucas

FICHA TÉCNICA

EDITORIAL Augusto Coelho
Sara C. de Andrade Coelho

COMITÊ EDITORIAL Marli Caetano
Andréa Barbosa Gouveia (UFPR)
Jacques de Lima Ferreira (UP)
Marilda Aparecida Behrens (PUCPR)
Ana El Achkar (UNIVERSO/RJ)
Conrado Moreira Mendes (PUC-MG)
Eliete Correia dos Santos (UEPB)
Fabiano Santos (UERJ/IESP)
Francinete Fernandes de Sousa (UEPB)
Francisco Carlos Duarte (PUCPR)
Francisco de Assis (Fiam-Faam, SP, Brasil)
Juliana Reichert Assunção Tonelli (UEL)
Maria Aparecida Barbosa (USP)
Maria Helena Zamora (PUC-Rio)
Maria Margarida de Andrade (Umack)
Roque Ismael da Costa Güllich (UFFS)
Toni Reis (UFPR)
Valdomiro de Oliveira (UFPR)
Valério Brusamolin (IFPR)

SUPERVISOR DA PRODUÇÃO Renata Cristina Lopes Miccelli

ASSESSORIA EDITORIAL Miriam Gomes

REVISÃO Katine Walmrath

PRODUÇÃO EDITORIAL Miriam Gomes

DIAGRAMAÇÃO Yaidiris Torres

CAPA Tiago Reis

*Dedico esta obra ao único que tem o poder
de transformar desertos em mananciais.
Os dias nascem porque Deus permite
e toda a sua beleza depende de sua vontade.
Aproveite a jornada abençoada de hoje...
A ele toda a gratidão!*

PREFÁCIO

Os escritos contidos nas páginas desse livro trazem uma abordagem sobre o resgate da história de vida no seio de uma família que tinha como escudo a fé. Buscar na memória pelos fatos, é reviver os momentos. Nas páginas a seguir o leitor terá a oportunidade de conhecer um estilo de vida simples, com trabalho árduo e de muitas conquistas. A autora ao buscar a solução para as sequelas de memórias, causadas pelo coronavírus e na tentativa de exercitar o cérebro, teve atitude e coragem para iniciar esta obra. Após muito trabalho e dedicação, a realização desse livro tornou-se realidade. Os capítulos a seguir proporcionarão uma viagem, de forma cômica, hilária, emocionante e reflexiva.

A leitura age na mente, da mesma forma que o exercício age no corpo, espero que você caro leitor, tenha uma avalanche de sinapses neurais que promovam um exercício mental positivo, enriquecendo a mente.

Boa leitura!

A autora

AGRADECIMENTOS

Agradeço primeiramente a Deus, pela oportunidade, força e coragem para superar todos os desafios. Fonte de dons, discernimento e sabedoria!

Ao meu esposo, Marcos Ribas, pelo amor, dedicação e companheirismo. Meu maior incentivador.

Aos meus filhos, Marcos e Edu: vocês fazem parte das minhas mutações, é por vocês que tento evoluir a cada dia como ser humano. Tesouros de Deus!

À minha nora, Jaqueline, aquela "filha" que eu não tive. Exemplo de determinação e coragem. Chegou para somar.

Aos meus pais (*in memoriam*), Nicolau e Elza. Grata pela vida e ensinamentos que me deram. Meus heróis!

Aos meus irmãos, Antônia, Lourdes, Marino, Regina, Domingos, às enteadas, Virgínia e Geovana, aos sobrinhos(as), e cunhados(as): assim como as flores, vocês me deram inspiração com palavras sábias me impulsionando sempre avante neste projeto.

A todos os professores que passaram pela minha trajetória educacional. Em especial o meu primeiro professor, Rudi Freiberger. Gratidão pelos ensinamentos!

À professora e amiga Rosangela Morvan, por aceitar o convite de ilustrar algumas imagens desta obra, me dando forças para continuar. Que Deus abençoe sempre o seu dom de desenhar.

Aos meus amigos, e a todos que de uma forma ou outra me incentivaram, motivando nos momentos difíceis. Minha eterna gratidão!

Por fim, agradeço a mim mesma por me permitir vivenciar essa experiência, por acreditar que seria capaz, crer que era possível, pelo trabalho árduo, por cruzar o meu caminho com coragem!

Janeiro de 2023

APRESENTAÇÃO

Caro leitor, ao viajar na magia contagiante da leitura, você apreciará a autenticidade dos fatos em detalhes de vida e história familiar de grandes desafios e muitas conquistas, relatados nos capítulos que seguem nesta obra. A memória dos momentos vivenciados nos faz reviver uma história, de contos e encantos de uma jornada de vida.

Ao passar por problemas de saúde devido à Covid-19, percebi que as sequelas eram imensas em relação à memória. Essas limitações estavam prejudicando o meu desempenho profissional e pessoal, foi então que, ao procurar orientações médica, fui incentivada a escrever e ler com intensidade para ativar o cérebro, promovendo desafios. Dessa forma, estaria exercitando e preservando a memória continuamente.

Escrever um livro era um sonho guardado na gaveta, que faltava coragem e atitude para colocar em prática. Porém, diante das sequelas de perda da memória e dificuldade em reter informações novas, percebi que seria o momento adequado para iniciar a escrita desta obra.

No encontro familiar do natal de 2022, comentei com os meus familiares sobre a ideia de realizar o sonho de escrever um livro. Recebi o apoio de todos e, naquele momento, começamos a relembrar da infância. Falamos sobre a nossa infância e uma história puxava a outra, passamos horas muito divertidas com as memórias que vinham à tona. Com certeza foi um dos melhores encontros familiares, pois as lembranças eram contagiantes. Meus irmãos são alguns dos personagens e me deram suporte para relembrar dos fatos da infância descritos neste livro.

Muitas noites se passaram, num trabalho incansável e complexo, mas gratificante. Inúmeras vezes faltavam palavras para seguir, cada capítulo era um parto, nascia uma história; por alguns momentos me questionei se iria conseguir. Mas Deus é grandioso, e quando a insegurança batia, surgiam anjos em forma de pessoas, que falavam exatamente o que eu precisava ouvir. Me ajudando com ideias, capa, título do livro, dentre outros. Então, uma palavra amiga e a mão de Deus me conduziam novamente. Quantas experiências, acontecimentos e momentos vividos, as lembranças se transformam em cenas nas páginas que vêm a seguir. Esta obra foi um dos maiores sonhos concomitante ao maior desafio de minha vida. Buscar na memória as fases da vida é perceber que não andamos sozinhos, é reconhecer que por mais que você seja protagonista de sua história existem outros personagens que complementam nossas vivências. Que as conquistas vêm no momento certo e as perdas fazem parte do ciclo da vida. Portanto, compartilho a conquista desta obra com todos que cruzaram o meu caminho como uma mola propulsora, me fortalecendo e dando sentido à vida.

Na dinâmica da vida temos que contornar os desafios, para chegar ao nosso objetivo. Se existe um problema, foque na solução, que o problema ficará pequeno.

Seja bem-vindo(a) à leitura da história de vida e superação descrita na obra *Desde ontem até amanhã*.

A autora
Janeiro de 2023

*O espelho retrovisor de um carro
é menor que o para-brisa para nos
ensinar que o que ficou para trás é
bem pequeno diante da grandeza
do que está à nossa frente.*

(Néreo Wilker)

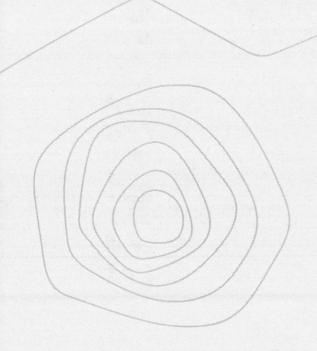

SUMÁRIO

CHEIRO DE INFÂNCIA 17

CHINELO, CONGA OU KICHUTE 20

CHEGOU A ENERGIA ELÉTRICA 22

MEU PRIMEIRO PROFESSOR 25

PLANTIO E COLHEITA 28

RIO SANTA ROSA 30

CAMISA DE TECIDO VOLTA AO MUNDO 34

FESTA NA IGREJA 37

A CULTURA DO MELADO 39

AS DELICIOSAS FRUTAS 41

AS COBRAS 43

O TEMIDO LOBISOMEM 46

O FUSCA BRANCO 49

TRATOR AGRALE 53

LAMBRETA 56

JIPE 58

AS MEMÓRIAS AFETIVAS 60

A SANFONA 65

NOSSOS PAIS 69

MUDAMOS PARA O PARANÁ 76

E O TEMPO PASSAVA 78

FOZ DO IGUAÇU 80

MORAR NO LITORAL 85

NOVOS RUMOS 89

RELATOS DE FATOS MARCANTES 99

ARQUIVO PESSOAL: RAFAEL E SUA FAMÍLIA 103

COVID-19 111

POLÍTICA 116

FOCO NA SOLUÇÃO 121

CHEIRO DE INFÂNCIA

Do meu tempo de criança, guardo vivo na lembrança o aconchego do meu lar. Morávamos no campo em São Pedro, numa pacata região, distrito de Tuparendi, RS. Meu pai, Nicolau Lucas, minha mãe, Elsa Venites Lucas (ambos *in memoriam*), e meus irmãos, Antônia Maria Lucas, Lourdes Angelina Lucas, Marino Jorge Lucas, Regina Carneli Lucas, Domingos Savio Lucas e eu, Nelci Teresinha Lucas. Lá o tempo passava lentamente, não sei se era só impressão por sermos crianças, só sei que para chegar o tão esperado Natal demorava muito. Lembro-me bem dos preparativos para esse dia, as bolachas caseiras pintadas com glacê, as crianças esperavam ansiosas a chegada do Natal, apesar de terem medo do Papai Noel.

E as brincadeiras de crianças, como era bom, brincávamos de esconde-esconde, pega-pega, bolita, bonecas de milho-verde, carrinho de rolimã, capturar vaga-lumes, entre outras. Enfrentávamos o medo do escuro à noite, nas brincadeiras de esconde-esconde e pega-pega. O jogo de bolita era frequente e a unha do dedão era funda de tanto jogar. As brincadeiras de casinha eram as minhas preferidas, e os lugares favoritos eram no meio do mandiocal ou no alto das árvores, fazíamos comidinhas imaginárias e as bonecas eram de espiga de milho-verde. Já os meninos preferiam brincar com os carrinhos de rolimã. Ah, e quando chovia era a alegria dos adultos, mas quem fazia a festa eram as crianças, as brincadeiras na chuva e na lama eram os nossos banhos preferidos, e aproveitávamos para fazer bonecos e bolinhas de barro, depois de secos os bonecos iam para a casinha e as bolinhas usávamos para a brincadeira de tiro ao alvo, ou seja, de um acertar o outro.

Meus irmãos adoravam brincar de jogar bocha e usavam as pedras que tinha no pasto para esse jogo. Como sou a caçula, eu não me encaixava com os mais velhos, pois falavam que eu era criança para certas brincadeiras ou até mesmo nas idas aos bailes. Eu também era proibida de brincar só com os meninos, porque era menina... Mas um dia eu resolvi seguir meus irmãos e primos, sem eles perceberem e, quando estavam no jogo de bocha, meu irmão levou a mão com a pedra para trás para dar o impulso do jogo, e acabou acertando uma pedrada na minha testa. Além de levar uma pedrada, meu irmão brigou comigo, por eu ter seguido eles, então voltei chorando para casa e fui contar para a minha mãe, mas ela ficou brava e disse que eu não deveria ter ido atrás dos meninos. Outra coisa que gostávamos de fazer era subir nas árvores e também brincar de balanços utilizando as folhas dos coqueiros para se balançar.

E para aumentar a emoção nas noites mais escuras íamos capturar vaga-lumes, eles eram enormes e disputavam o brilho com as estrelas. A magia das brincadeiras nos fazia sonhar, não tínhamos a preocupação com as drogas ou violência. O que nos amedrontava eram as histórias contadas pelos adultos.

Arquivo pessoal: ilustração de Rosangela Morvan

CHINELO, CONGA OU KICHUTE

Após a colheita, era momento de fazer as compras na cidade, sempre muito bem-planejadas para durar o ano todo, pois a próxima compra seria somente depois de plantar e colher novamente.

O chinelo era algo indispensável, um par era suficiente para passar o ano todo e, quando a tira arrebentava, logo já colocávamos um prego para durar mais tempo ainda. Mas, sempre que podíamos, andávamos descalços para economizar os calçados. No frio era uma delícia usar Conga com meias para aquecer os pés. Pois naquela região as ondas de frio sempre eram longas e intensas. Mesmo durante o inverno, se tivesse barro, era comum ver as crianças irem descalças para a escola, levando o calçado numa sacola de plástico, chegando lá limpavam os pés e usavam o calçado.

O Kichute era o sonho de consumo dos meninos para jogar bola. Conquistar os pais para ganhar um par não era algo tão fácil, pois não era acessível, porque o valor era muito alto em relação às condições financeiras da época. Certo dia, meu irmão, depois de muito esforço, ganhou um Kichute, ficou numa felicidade que só, sempre que sujava um pouco já ia limpar. Mas o que ele não previa aconteceu... Após limpar o Kichute, colocou para secar no forno do fogão a lenha. Ao chegar o final da tarde, o fogo foi acesso novamente para preparar o jantar e o chimarrão do dia a dia. Porém ninguém lembrou que tinha algo no forno, quando percebemos, foi aquela decepção, meu irmão olhava o Kichute todo retorcido, e via o seu sonho indo por água abaixo. Diante disso, ficamos mais atentos sempre que colocávamos algum calçado para secar no forno do fogão a lenha.

Apesar de todas essas opções de calçados, o que nós gostávamos mesmo era de brincar e correr descalços. Talvez fosse devido a isso que tínhamos uma boa imunidade, era muito raro alguém ficar doente. O que nos judiava eram os piolhos e vermes, mas, quando isso acontecia, minha mãe corria para a farmácia, ou melhor, ia até a horta no quintal de casa, sempre farta de todo tipo de ervas medicinais. As cascas de laranja e limão sempre eram colocadas para secar no varal em cima do fogão a lenha. As cascas, depois de secas, eram ótimas para fazer chá para gripes.

Arquivo pessoal: ilustração de Rosangela Morvan

CHEGOU A ENERGIA ELÉTRICA

À noite, adorávamos observar as estrelas, minhas irmãs apontavam para o céu, identificando o Cruzeiro do Sul e as Três Marias. E, a cada pessoa que partia para o céu, sabíamos que aumentavam as estrelas. Naquela época ainda não tinha energia elétrica, então o brilho das estrelas era mais intenso, e com a companhia da lua o show de brilho se completava.

Esses momentos eram mágicos, sonhávamos o sonho de criança, porém o sonho que se sonha só é apenas um sonho, mas o sonho que se sonha junto se torna realidade... Nunca é demais sonhar.

Certo dia, ouvi meus pais falarem que iriam começar a instalar a fiação elétrica, as crianças estavam eufóricas, pois até então fazíamos picolé deixando do lado de fora de casa um copo de suco com uma colher dentro, de manhã cedo o picolé estava pronto. Pena que não dava pra fazer picolé no verão.

De repente, vimos uma equipe no meio do pasto, eles estavam uniformizados, e trabalhavam colocando os postes de energia, era lindo de ver aquela fileira de postes. Passados alguns dias, iniciaram a instalação dos fios, ficamos encantados com tantos fios, e como crianças brincalhonas que éramos, fomos logo usar os fios como balanço. Quando os fios foram esticados, nós não alcançávamos mais para brincar.

O grande dia chegou... Até que enfim, tínhamos energia elétrica em casa; para fazer picolé, podíamos usar o freezer da geladeira vermelha. Lembro-me da primeira televisão, era preto e branco, um show. Eram poucas as pessoas que tinham televisão em casa, então, aos domingos à tarde, era comum reunir os vizinhos em casa, para assistir ao programa Os Trapalhões.

Nessa época eu, que sou a caçula, tinha 5 anos de idade, a minha irmã mais velha já tinha 15 anos. Aos poucos meus pais foram equipando a casa com eletrodomésticos.

O tão usado lâmpião foi substituído por lâmpadas, a curiosidade das crianças era tão grande que ligávamos e desligávamos a lâmpada sem parar, só pra ver a luz acender e apagar, até que levamos um xingão, e fomos alertados de que agindo assim poderiam queimar as lâmpadas e ficaríamos no escuro novamente. E a cobrança para economizar energia era grande, tínhamos o cuidado de nunca deixar uma lâmpada acesa sem necessidade.

Desde então, o progresso se instalava naquela região, era uma felicidade enorme, pois as mudanças com a energia elétrica faziam uma diferenca imensurável na vida de toda a população da comunidade.

Arquivo pessoal:
ilustração de
Rosangela Morvan

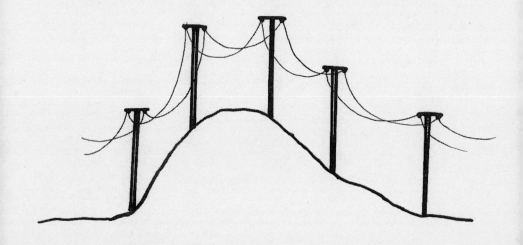

MEU PRIMEIRO PROFESSOR

Viajar na magia do mundo do conhecimento, sistematizar as letras, os números: era fantástico!

De tanto ver os meus irmãos irem para a escola, eu já estava ansiosa para ter idade para ir à escola também. Lembro-me do meu primeiro dia na escola, usar o caderno, o lápis de escrever, a borracha. O mundo ficava mais alegre com o colorido dos lápis de cor.

A escola da comunidade era multisseriada, ou seja, havia quatro filas de alunos, e cada fila era uma turma. Na mesma sala, tinha a turma da primeira série, segunda série, terceira série e quarta série. As carteiras eram de madeira maciça e geralmente sentava-se em duplas.

O momento mais esperado era a hora do recreio, o lanche da escola tinha um sabor delicioso, e as brincadeiras com os colegas eram intensas. Sempre que podíamos, íamos mais cedo para jogar bolita com os colegas antes de iniciar a aula. Esse era um dos melhores momentos.

Íamos a pé cerca de 3 km, até chegar à escola, às vezes brincando, outras vezes brigando, coisas de criança. E, quando passávamos para a quinta série, tínhamos que ir estudar em outra comunidade, que ficava do outro lado do rio Santa Rosa.

São muitas lembranças boas da época na escola rural, mas o que me marcou mesmo foi o meu primeiro Professor. Tenho na minha memória a lembrança de um professor carinhoso com seus alunos, a sua didática e metodologia nos cativava e inspirava nos estudos.

O professor tinha uma deficiência física, lhe faltava o braço direito, mas essa limitação não o impedia de realizar seu tralhabo com eficiência, sua letra era invejável. E, além de dar aulas multisseriadas que iam desde a alfabetização até a quarta série, ele também preparava o lanche para o recreio e cuidava da limpeza e organizaçao da escola. Lembro-me também de entoarmos com frequência o hino nacional no pátio da escola em frente ao mastro com as bandeiras.

Às vezes, quando os alunos ultrapassavam o limite ou desrespeitavam as regras, o Professor ameaçava chamar os pais, somente isso bastava para nos comportarmos novamente, pois quando íamos para a escola nossos pais orientavam para repeitar o Professor e que, se tivesse reclamação, acertaríamos as contas quando chegássemos em casa. Tínhamos o maior respeito e consideração pelo Professor, que além de ensinar nos transmitia uma mensagem de otimismo e superação, lição que levo para a vida, e com certeza o motivo de hoje também ser uma Professora. Profissão que amo e exerço com muito carinho, sempre fomentando e estimulando os meus alunos, dizendo que "eles são capazes de ser o que quiserem, basta querer e se dedicar".

No Natal de 2022, estávamos reunidos em família e eu falei aos meus irmãos que iria realizar um sonho em 2023... "escrever um livro", foi um momento mágico, pois ficamos horas relembrando as memórias de infância, e uma história puxava a outra...

E eu disse que uma da marcas boas que eu tinha da infância era

Arquivo pessoal

a lembrança do meu primeiro Professor, foi então que uma de minhas irmãs me disse que tinha ele no Facebook, então eu pedi que me passsasse o nome dele completo para eu pesquisar.

Quando o encontrei no Facebook, "Rudi Freiberger", logo o reconheci e mandei uma solicitação de amizade e uma mensagem dizendo assim: "Olá, tudo bem? Fiquei muito feliz de saber de você e poder te encontrar aqui. Fui sua aluna no primário. Vou escrever um livro e citar o meu primeiro Professor, que é você". Logo em seguida, recebi mensagem dele, pedindo informações de meus familiares para ele se situar melhor, e agradeceu dizendo que seria uma honra poder participar desse momento. Trocamos algumas mensagem, e então ele me disse que se lembrava bem do meu avô Olímpio Venites, dos meus pais e de meu irmão Marino. Ele marcou muito a minha vida, e deixou um grande legado com os seus exemplos.

Fiquei muito feliz, e acreditei que isso era um sinal de que eu estava no caminho certo, que o livro seria uma realidade. Relembrar esse momento, e poder falar dessa experiência me trouxe na memória a imagem daquela época, quando éramos tão felizes com tão pouco. Porém, era o suficiente para crescermos saudáveis, respeitando os mais velhos e principalmente entendendo os valores da vida.

Arquivo pessoal: Rudi Freiberger (foto atual do meu 1º Professor)

PLANTIO E COLHEITA

A união e cooperação das famílias na hora do plantio e da colheita era algo admirável, era planejado de forma que todos se ajudavam em mutirão. E assim iam realizando os trabalhos em rodízio até que todas as famílias envolvidas fossem contempladas. Nos dias de mutirão, os adultos iniciavam os serviços no clarear do dia e seguiam noite adentro até o momento em que eram vencidos pelo cansaço. Só então iam para casa, na certeza de que as tarefas domésticas estavam todas feitas pelos filhos.

Na hora do plantio, utilizavam plantadeira manual (matraca), trator com seus poucos equipamentos, carroça conduzida por bois e, para a colheita, usavam trilhadeira. O trabalho era braçal, pois todos os alimentos (milho, soja etc.) eram colhidos com foice e para triturar era levado de carroça até a trilhadeira, que ficava fixa num local. Era importante lembrar sempre que tinha que ir colocando aos poucos para a trilhadeira não embuchar.

De um lado, saíam as palhas trituradas e do outro lado saíam os grãos, que iam sendo ensacados pelos adultos. Para as crianças, o mutirão era um momento de alegria, de agito, de encontrar os tios, primos e vizinhos. O feijão também era plantado manualmente e depois de colhido era batido no manguá. Plantava-se tudo o que era preciso para o alimento da família e a colheita era certa. Sem o uso de agrotóxico, tudo era mais saudável e saboroso.

Mas trabalho também era coisa de criança, tanto na hora de carpir e preparar a terra para o plantio quanto no momento da colheita, as crianças brincavam de trabalhar. E, quando chegávamos em casa no final da tarde, cada um tinha a sua tarefa (tirar leite, acender o fogo no fogão a lenha, encher a caixa de lenha, tirar água do poço, tratar os animais, porco, gado, galinha, gato, cachorro, e fazer a janta), missão que era cumprida todos os dias com sucesso, mesmo porque quem não fazia a sua tarefa tinha que prestar conta para os pais, e o castigo era algo que não passava em branco.

Como incentivo ao trabalho, um certo dia, ganhamos de presente uma enxada bem pequena, própria para criança mesmo. Pensa na alegria que ficamos, pois não precisávamos mais carpir com aquelas enxadas grandes com os cabos enormes. Na inocência de criança, aquela era a realidade que tínhamos e éramos muito felizes dessa forma.

Arquivo pessoal: ilustração de Rosangela Morvan

RIO SANTA ROSA

As belezas naturais do rio Santa Rosa eram encantadoras!

Aos olhos de uma criança, o rio era gigante, nele podíamos brincar. E, na infantil inocência, não percebíamos perigo naquela imensidão.

Minha mãe sempre contava que lavava roupas no rio. Algo comum naquela época para muitas famílias.

Lembro que no meio do rio tinha uma taipa de pedra que atravessava de um lado para o outro, nesse local era colocado "covo", armadilhas feitas de bambu para pegar peixes. Essas armadilhas eram feitas de forma que os peixes entravam e não conseguiam sair. Quando os adultos iam retirar as armadilhas, sempre tinha alguns peixes dentro. Além disso também era comum pescar com vara de bambu. Havia muita fartura de peixes, às vezes minha mãe dizia assim: "Faz a polenta que eu vou buscar a mistura", e logo chegava com o balde de peixes.

Certo dia meu pai estava pescando, quando sentiu vontade de espirrar e a dentadura dele caiu dentro do rio, então foi aquele desespero. Pois na dentadura havia dois dentes de ouro, e também não era nada confortável ficar sem ela... Depois de todos procurarem incansavelmente e não encontrarem a dentadura, meu pai decidiu contratar um mergulhador profissional para procurar no fundo do rio, mas infelizmente a operação foi sem sucesso.

Outra lembrança deliciosa do rio Santa Rosa são os banhos, às vezes quando chegávamos do trabalho da roça minha mãe dizia:

"Vamos tomar banho no rio", pensa na alegria da molecada. Brincávamos nos cipós, aprendíamos a nadar e mergulhar, era uma festa. Mas sempre íamos com algum adulto junto, para cuidar da segurança das crianças.

Também adorávamos andar de caiaque, que eram feitos artesanalmente de madeira. O caiaque também era um meio de transporte aquático, pois do outro lado do rio havia uma comunidade chamada Rui Ramos, e para estudar a quinta série tínhamos que ir na escola nessa comunidade. Tínhamos a responsabilidade de irmos sozinhos, atravessávamos o rio, e amarrávamos o caiaque do outro lado, e quando acabava a aula, voltávamos novamente pelo rio. Nos dias de frio, ficava uma fumaça branca saindo da água, mas, apesar das dificuldades, nunca faltávamos sem motivos à aula.

Arquivo pessoal: ilustração de Rosangela Morvan

E nos dias de cheia devido ao excesso de chuva o rio Santa Rosa alagava uma área grande do pasto. Eu olhava pela varanda da casa, que ficava no alto, e via toda aquela imensidão de água contornando e formando algumas ilhas. Para ir na casa de meu avô Olímpio Venites, tínhamos que ir de caiaque, pois eles ficavam ilhados pela enchente.

Arquivo pessoal: enchente no rio Santa Rosa

Aquela situação era de amedrontar... e quando a água começava a baixar, era um alívio, pois prejudicava muita gente e animais. Depois que as águas do rio estavam em seu leito normal, dava para perceber o tamanho da enchente pela marca da lama que ficava para trás.

O rio era majestoso, bem arborizado e representava vida, alegria... Tinha seus encantos, a diversão, o alimento, mas também tinha seus perigos.

Ouvi minhas irmãs contarem que, num dia em que estavam brincando no rio, a Antônia Maria sentiu a areia debaixo dos pés se mover, e afundou por três vezes, foi nesse momento que o tio Antônio percebeu, então mergulhou e tirou ela de baixo da água. Mesmo com adultos por perto, por um descuido, ela estava se afogando.

Nas lembranças que trago do rio Santa Rosa, além da diversão, é o aprendizado... É entender que a água que passa no rio num dia não é a mesma que passa no outro dia... É ter o discernimento de contornar os desafios e sempre seguir em frente... É perceber que às vezes a água parada é funda... É aceitar que temos que pôr para fora (como a enchente) o que está nos fazendo mal, mas temos que ter sabedoria para manter o equilíbrio.

Arquivo da internet: armadilha de pesca ou "covo"[1]

Arquivo da internet: caiaque de madeira[2]

---

[1] Disponível em: https://es.dreamstime.com/foto-de-archivo-herramienta-de-la-pesca-hecha-de--bamb%C3%BA-image81016929. Acesso em: 10 ago. 2023.

[2] Disponível em: https://www.kalmar.com.br/kalmar-canoes/canoa-simples-caiaque-aberto-em--madeira/. Acesso em: 10 ago. 2023.

CAMISA DE TECIDO VOLTA AO MUNDO

Quando as mulheres se casavam, era de praxe sempre ganhar das mães uma máquina de costurar. Essa tradição era passada de geração em geração.

E minha mãe era uma excelente costureira, e gostava muito do que fazia, além de costurar para a família, ela também costurava para as pessoas que encomendavam de seus trabalhos.

No momento das compras após a colheita, minha mãe sempre tinha o cuidado de comprar uma fazenda de tecido (uma peça fechada), vinham vários metros do mesmo tecido. E nós já sabíamos que iríamos ter roupas novas, as meninas geralmente ganhavam vestidos todos parecidos, e quando estava curto demais ia passando para as irmãs ou primas, pois os tecidos eram muito resistentes.

Da mesma forma, os meninos ganhavam roupas confeccionadas pela mãe, bermuda, calça, camisa etc., e também repassavam quando não servia mais. As roupas dos adultos também seguiam assim, costurando ou remendando, mas sempre tinha algo para fazer na máquina de costurar, que geralmente era feito nos dias de chuva, para aproveitar o tempo que estava dentro de casa.

As camisas de tecido volta ao mundo eram bem resistentes, sempre eram feitas de manga longa para proteger do sol.

Por ser tão resistente, acabou até provocando um acidente com o meu irmão Domingos. Sempre no final do dia ele levava uns bezerros para pastorear na beira da estrada. Meu irmão conta que uma nuvem bem escura cobriu o sol, e o bezerro se assustou com a sombra. De repente o bezerro começou a correr e o gancho que tinha no final da corda acabou enroscando no punho da camisa.

Minha mãe, que estava na varanda de casa, olhou para a estrada e percebeu que o bezerro estava arrastando o meu irmão nas pedras da estrada ladeira abaixo, e só parou quando chegou na estrebaria.

Diante daquela triste cena, foi um desespero, e quando viram, meu irmão estava todo machucado, ralado pelas pedras da estrada. Esse episódio foi muito muito chocante e doloroso para ele, pois levou muito tempo para curar as feridas.

Diante disso podemos imaginar a qualidade e resistência dos tecidos daquela época. E sempre que tocamos no assunto das camisas de volta ao mundo me vem à memória esse fato do bezerro que arrastou o meu irmão pelo punho da camisa. Essa é mais uma das histórias que hoje em dia são contadas de forma cômica nas rodas de conversas nos encontros de família.

Arquivo pessoal: ilustração de Rosangela Morvan

Arquivo pessoal: as camisas de volta ao mundo (eu de chupeta)

FESTA NA IGREJA

A comunidade planejava no decorrer do ano a tão esperada "festa da igreja", que acontecia uma vez por ano, e era organizada pelos moradores atuantes na sociedade.

A festividade durava o dia todo, e para as crianças, era um dia de muita alegria, pois tinha churrasco, maionese, refrigerante etc. Para muitas famílias, essa comilança toda acontecia somente no dia da festa.

Aconteciam jogos de baralho e futebol, era um momento de lazer, de muitas conversas e de se divertir. Devido ao excesso de bebida, era comum alguns homens se alterarem e acontecerem discussões e brigas. Esses momentos eram tensos e ficam registrados nas memórias.

No dia da festa, sempre aconteciam a primeira comunhão e a crisma, me recordo perfeitamente do dia em que eu passei a primeira comunhão. Momento único de muita emoção.

Enquanto a festa rolava, as crianças brincavam e corriam o tempo todo, já os adolescentes conversavam e tinham o hábito de andar em torno da igreja na tentativa de trocar alguns olhares ou até rolar um início de namoro. Sem internet, sem celular, os jovens se comunicavam por bilhetes, pelos olhares ou conversando, frente a frente. E, quando tinham idade adequada para irem aos bailes, daí tinham que pedir permissão aos pais. Geralmente iam de trator, meus irmãos contam muitas histórias das idas aos bailes. Nessa época eu até que queria ir junto, porém era impedida porque não tinha idade certa para ir aos bailes.

A festa só acontecia uma vez ao ano, e era uma das formas de diversão para as crianças. Devido a isso, era um momento muito esperado, um momento mágico. Era também um momento de conversas e brincadeiras. Era lindo de ver o trabalho e envolvimento das pessoas para que tudo desse certo até o final.

Buscando esses momentos na memória, é possível fazer uma leitura de mundo sobre a convivência da "festa da igreja", em que aprendi o quanto é importante o trabalho em equipe, o quanto é essencial dar valor às pequenas coisas, pois são elas que fazem a diferença, o quão saboroso era tomar uma simples tubaína, que temos que respeitar e ter empatia pelas pessoas para conviver em comunidade.

Arquivo pessoal: Igreja da Comunidade de São Pedro (eu vestida de anjo)

A CULTURA DO MELADO

Reunir toda a família, para as crianças, sempre era uma festa, e quando o motivo era fazer doces, então ficávamos todos ansiosos.

A organização já começava no dia anterior com a preparação da cana-de-açúcar, pois tinha que ser colhida de forma manual, era cortada, tiradas as palhas e raspada com um facão para não escurecer o caldo de cana, que depois seria a matéria-prima para fazer os doces. A lenha também era cortada e organizada para acender o fogo, que tinha que durar muito tempo.

No dia seguinte, acordávamos bem cedinho para aproveitar bem o dia de fazer o melado, o açúcar mascavo, o doce de mamão, rapadura, e o puxa-puxa.

A cana-de-açúcar era moída no engenho, de um lado saía o caldo e do outro o bagaço. O caldo de cana era colocado no tacho e se deixava ferver por um longo tempo, sempre mexendo e tirando a espuma escura com a escumadeira. Os adultos iam se revezando e mexendo com frequência até que começava a engrossar. Era nesse momento que se fazia o puxa-puxa, era colocada uma colher do melado num copo com água fria para ver o ponto depois de frio, e então ficava puxa-puxa tipo uma bala mastigável, era uma delícia.

Dessa forma minha mãe descobria o ponto certo do melado, tinha que cuidar, e no final mexia bastante para o melado ficar bem clarinho. Haja braço para mexer aquele tacho grande de melado, quando um cansava, o outro continuava. Depois de pronto, era guardado em latas, e usado para passar no pão caseiro, fazer pipoca com melado, fazer bolo, bolacha, entre outros.

Para fazer o açúcar mascavo, era só continuar fervendo e mexendo sempre até que começava a enxugar e formar carocinhos de açúcar mascavo, mexia até desprender todo do tacho. Comer quentinho era muito saboroso, e depois de frio também era guardado e utilizado para adoçar qualquer alimento ou receita.

Em outro tacho, quando o melado estava quase no ponto, eram colocados pedaços pequenos de mamão e outras frutas para fazer a chimia para passar no pão. Já a rapadura de melado era servida como sobremesa, uma delícia.

A garapa (caldo de cana), bem gelada e com umas gotas de limão, era a nossa bebida preferida.

A doce lembrança desse momento nos faz refletir sobre como a alimentação era saudável naquela época, e sem agrotóxico. Tudo isso colaborava para termos uma boa saúde.

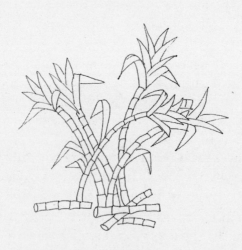

Arquivo pessoal: ilustração de Rosangela Morvan

AS DELICIOSAS FRUTAS

Falar das frutas é tão prazeroso que na minha imaginação me vejo degustando-as. O colorido, o sabor e o cheiro das frutas eram intensos, tanto na qualidade quanto na quantidade.

O parreiral de uvas era enorme e tinha várias espécies, era localizado atrás da casa. Lembro que minha mãe dizia para nós levantarmos bem cedo e ir chupar uvas em jejum, pois segundo ela era bom para a saúde. Não sei se é por isso, mas até hoje a uva não é a minha fruta favorita, sempre que lembro de uva, me vem à memória que tinha que levantar muito cedo e ir ao parreiral chupar uva. Na verdade, o problema era sair cedinho da cama.

Já a melancia é a minha fruta preferida, a plantação era grande, pois a intenção era comercializar. Havia várias espécies, que iam desde as arredondadas e ovais a vários formatos. Além da vermelha, também tinha a amarela, porém a mais saborosa era a vermelha. Na colheita meu pai levava a carroça cheia de melancia para vender na cidade. E, quando íamos comer a fruta, tínhamos o costume de quebrar ela numa pedra e retirar só o miolo da melancia, com o restante — onde fica a semente e a casca — nós tratávamos os porcos. Geralmente cada um pegava uma melancia, pois só consumíamos o miolo, não havia o hábito de fatiá-la. Para gelar, colocávamos a melancia na água dentro do tanque.

Subir nos pés de laranja e bergamota (mexerica) era uma alegria, lá de cima mesmo já aproveitávamos dessas delícias, que eram suculentas e muito saborosas. Tínhamos um belo pomar no quintal de casa com muitas variedades, minha mãe sempre gostava de podar e cuidar das frutas, mas também havia um "arvoredo" (como era chamado lá) no meio do pasto. Falando nisso me veio à memória um fato que aconteceu com o meu irmão Marino.

Certo dia, estavam colhendo para vender, então subiram no pé de bergamota e iam colhendo e jogando no chão até formar um monte de fruta, para encher a carroça. De repente, meu irmão percebeu que a Mansinha (vaca) estava comendo as bergamotas, então, lá de cima mesmo, ele tentava tocar a Mansinha e nada dela parar. Foi nesse momento que ele teve uma ideia, pulou em cima da Mansinha, pois, como o próprio nome dizia, ela era uma vaca muito mansa. Porém, a forma como aconteceu acabou assustando ela, que saiu correndo e só parou bruscamente quando se deparou com uma moita grande de urtiga. As folhas da urtiga eram de qualidade enorme, bem vistosas. Essa planta, ao tocar a pele, forma bolhas e arde muito. Imaginem como ficou o meu irmão, que foi de cara na moita de urtiga.

Eram aproveitados todos os espaços possíveis para semear as frutas, próximo das taipas de pedras eram jogadas as sementes de mamão, melão, abóboras, pepino, entre outras, tudo o que plantávamos produzia.

A colheita era certa, e produzia muitos frutos saborosos e saudáveis. Não era comum o uso de agrotóxico, devido a isso os pés de frutas eram vistosos e seus frutos mais saborosos. As vitaminas encontradas nas frutas nos davam energia e saúde. Cada fruta na sua época certa, assim seguíamos o ciclo da natureza.

Arquivo pessoal: ilustração de Rosangela Morvan

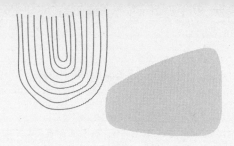

AS COBRAS

Convivíamos com o perigo constante das cobras, pois naquela região era frequente se deparar com uma serpente. Havia vários tipos, desde a cobra-cega até as mais venenosas. As crianças têm uma proteção divina, e graças a Deus nunca ninguém foi picado.

Quando trabalhávamos na roça, lembro que minha mãe amarrava um cordão de alho na canela de cada um, dizia que o alho espantava as cobras. Uma crendice popular, mas o fato é que dava certo, e todos tinham medo de ser picados, então usavam isso também como proteção.

Minha irmã Lourdes conta que um dia estava andando no pasto com o Marino e de repente ele viu uma angolista (galinha-d'angola) debaixo de uma pedra e disse que ia pegar a galinha e os ovos. Minha irmã ao chegar perto percebeu algo estranho na angolista e disse para ele não mexer, ele respondeu que ia pegar sim, então ela saiu correndo falando que ia chamar a mãe. Quando ela chegou e viu o tamanho da cobra que estava enrolada debaixo daquela pedra, quase nem acreditou. A mãe logo providenciou uma forquilha de madeira para tentar dominar a cobra e disse para as crianças chamarem o pai. Os adultos tiveram muito trabalho para controlar e matar a cobra de tão grande que era.

Eles contavam que seguraram a cabeça da cobra com a forquilha, e puxaram tanto até que ela arrebentou ao meio, e para a surpresa de todos, a cobra estava com a barriga cheia de leite. Diante disso, deduziram que a cobra mamava na vaca, pois por diversas vezes quando iam ordenhar a vaca ela estava com o ubre murcho.

Lembrei-me de um fato que ocorreu com a minha irmã Lourdes, ela tinha muito medo de bicho, principalmente cobras. Então minha mãe pensando em encorajá-la teve uma brilhante ideia. Ela matou uma cobra bem pequena e deixou no caminho que a Lourdes passava para ir tirar leite. Quando ela viu a cobra e percebeu que estava sozinha, se encorajou, pegou uma enxada que estava ali perto e matou a cobra. Quando entrou para dentro de casa, foi logo contando a novidade, que tinha matado sozinha uma cobra que estava perto da estrebaria. A mãe motivou e deixou ela pensar que realmente tinha matado a cobra. Só depois de muitos anos a verdade veio à tona. E assim minha irmã se sentiu corajosa até descobrir a verdade.

Por falar nisso, minha mãe sempre incentivava todos a terem atitude e coragem. Certo dia ela disse para a minha irmã Regina que era para ela matar e limpar um frango, coisa que minha irmã tinha medo ou "dó" de fazer. Ela saiu e disse que, quando chegasse, o frango teria que estar pronto. Então minha irmã foi tentar fazer a tarefa, ela puxava o pescoço do frango e ele continuava vivo, daí ela pegou uma vassoura e colocou o cabo em cima dele, e dessa vez puxou mais forte ainda. De repente ficou uma parte no chão e o frango saiu pulando sem cabeça. Não foi uma cena muito boa de se ver, deixando a minha irmã assustada. Nunca mais ela quis matar frango.

Minha mãe sempre era muito corajosa, ela estava à frente quando iam carnear porco, boi, frango, se precisasse era ela que sangrava os animais, pois meu pai não podia ver sangue que passava mal. E essa coragem toda ela tinha também na hora de enfrentar os animais peçonhentos, quando encontrava uma cobra ela não deixava passar em branco, logo ia matando para evitar algum acidente de picadas.

Confesso que não herdei essa coragem de minha mãe, pois eu não sei nem matar um frango, e tenho horror só de pensar em chegar perto de uma cobra.

Arquivo pessoal: ilustração de Rosangela Morvan

O TEMIDO LOBISOMEM

Os causos contados pelos adultos passavam de geração em geração, eram muitas as histórias, e as crianças adoravam ouvir. Nas noites escuras, as rodas de conversas eram contagiantes, e faziam a imaginação fluir.

Eram muitas as histórias contadas e a maioria delas amedrontava as crianças, talvez fosse uma forma de controlar as artes das crianças. Apesar do medo que alguma história transmitia, nós gostávamos muito de ouvi-las.

Confesso que, de tanto ouvir esses causos, eu tinha muito medo de escuro, e olhar debaixo da cama à noite nem pensar, morria de medo.

Quando os adultos ficavam trabalhando na roça até tarde da noite, sempre falavam para as crianças fazerem as tarefas domésticas, caso contrário o lobisomem viria. E quando trilhavam o milho, soja... ficava um monte de palha no meio da roça, e à noite só víamos o vulto enorme desses montes. Na imaginação de uma criança, pensávamos que aqueles montes de palhas eram o esconderijo do lobisomem. O medo faz ver coisas...

O lendário lobisomem era descrito como um humano bem pequeno que andava de quatro pés e em noites de lua cheia tinha a capacidade de se transformar em lobo. Segundo a crendice popular, muitos diziam ter visto um deles, e afirmavam com toda a certeza, descrevendo até os detalhes.

Certa noite, os meus pais estavam trabalhando no mutirão da colheita, e nós crianças todas em casa, já tínhamos feito todas as tarefas, pois já era tarde da noite e, como não havia ainda energia elétrica, a noite caía mais cedo, mas meu irmão Domingos não tinha tomado banho ainda, pois havia teimado com a nossa irmã mais velha, que se sentia responsável pelos irmãos mais novos.

De repente, a Maria estava cobrando o banho, e meu irmão não queria tomar, porque estava com medo do escuro. Então ela foi pegar a lamparina que estava em cima da cristaleira, nesse momento o gato passou na porta todo ouriçado de rabo erguido, como se tivesse visto algo.

Minha irmã então fixou o olhar para fora rumo ao portão de entrada, nem ela acreditava, mas o lobisomem estava lá no portão, e ela contou para nós o que tinha visto. Foi um silêncio geral, então podíamos até ouvir o barulho das orelhas que ele fazia.

Minha irmã Lourdes me pegou no colo e correu para o quarto trancando a porta, a Regina foi na direção do quarto, mas, como deparou com a porta fechada, acabou perdendo as forças das pernas e se arrastou para trás do fogão a lenha, com o Domingos e a Maria. A Lourdes me falou assim, vou te jogar pela janela e pulo em seguida para te pegar, assim conseguimos fugir do lobisomem. Sorte a minha que ela não teve essa coragem de me jogar pela janela, pois a casa tinha um porão embaixo e a janela era muito alta do chão.

Enquanto tudo isso acontecia, o Marino, que estava no outro quarto, nem percebeu nada e continuava a cantarolar.

Logo em seguida, nossos pais chegaram da roça, e todos queriam contar ao mesmo tempo o que tinha acontecido. Então eles disseram que não viram nada, e que provavelmente isso aconteceu porque tinha gente teimando.

Depois de muito tempo passado, descobrimos que o lobisomem daquela noite era um adulto que pegou um lençol do varal e se cobriu, o barulho ouvido era o chinelo balançando nos pés.

Essa é uma das histórias favoritas, que são contadas de forma hilária nos encontros de família até hoje.

Arquivo pessoal: ilustração de Rosangela Morvan

Arquivo pessoal: minha irmã Antônia Maria na casa de infância

O FUSCA BRANCO

Aos poucos as mudanças iam acontecendo, e o meio de transporte, que era só de carroça ou trator, passou a ser de fusca também.

Meu pai era proprietário de um charmoso e resistente fusca branco, que era cuidado com muito zelo. Lembro das poucas idas de fusca para a cidade, que alegria, e quando íamos no dentista nem reclamávamos, pois sabíamos que depois iríamos ganhar um picolé, que segundo a crendice popular o picolé impedia o rosto de inchar depois de sair do dentista.

Meu irmão mais velho foi o primeiro a aprender a dirigir o fusca, mas conquistar o pai para liberar o carro para dar uma volta era muito difícil, pois ele tinha muito cuidado e ciúmes do carro.

Mas o uso da carroça e do trator como meio de transporte ainda era constante, só utilizava o fusca de vez em quando. Um dos passeios de carroça que mais me marcou foi com a nossa vizinha, ela tinha filhos gêmeos, e quando queria ir visitar a sua sogra, ela pedia para a minha mãe deixar eu ir junto para ajudar a cuidar dos bebês. Para mim era uma festa ir de carroça passear, eu ficava muito feliz em poder ir junto. Espero ter ajudado mais do que atrapalhado, pois era uma criança também e só pensava em brincar. Foram bons momentos que ficaram em meu coração.

Certo dia nós estávamos brincando no pátio, e quando percebemos estava descendo um carro vermelho na estrada. Que susto! Era visita, e nós todos sujos, não pensamos duas vezes, corremos todos para o porão da casa para se esconder. Passaram alguns minutos e nada de chegar alguém, então fomos saindo um a um do porão.

Para a nossa surpresa, vimos o meu pai mexendo no carro vermelho, ele abria e fechava as portas. Nós não estávamos entendendo nada, mas como o pai estava sozinho no carro nos aproximamos.

Nós nem imaginávamos, mas aquele carro vermelho era uma TL que o pai havia trocado na cidade pelo fusca branco. Pensa na alegria, pois estávamos de carro novo e vermelho ainda, a TL era linda. Tornou-se o xodó da família, e o pai continuava com os cuidados de sempre com o carro.

Arquivo pessoal: minha irmã Antônia com a prima na TL

Como naquela época criança não participava de conversa de adulto, nós nem sabíamos que o pai queria trocar de carro, pois a nossa preocupação era só com coisas de crianças.

Seja de carroça, trator, fusca ou TL, o importante era viver o momento, e isso nós fazíamos com muita intensidade. Na simplicidade da vida, os passeios que mais marcaram a minha infância foram os de carroça, sentindo o vento no rosto e aroma da mata.

E, quando passávamos por alguém na estrada, a maior alegria de nosso pai era dar carona para as pessoas, ele sempre dizia que cabia mais um!

Arquivo pessoal: o fusca branco

Arquivo pessoal: meu pai e meu irmão Marino

Arquivo pessoal: minha irmã Antônia Maria no fusca

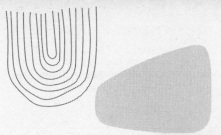

TRATOR AGRALE

Quando sabíamos que iríamos sair de trator, corríamos para pegar o lugar favorito, que era no para-lama, sob o pneu traseiro. Mas tínhamos que segurar bem firme, pois era perigoso cair. Essa é a melhor lembrança para mim que era criança.

Porém, o trator era muito útil no trabalho de preparo do solo e plantio. Como aquela região era uma terra de muitas pedras, toda vez que passava a grade para mexer a terra, as pedras brotavam, era incrível e muito trabalhoso, pois tínhamos que tirar todas as pedras que surgiam para realizar o plantio. E a cada ciclo surgiam pedras novamente.

Meus irmãos contam muitas histórias do trator Agrale, sobre os bailes que eles iam, e das caronas que davam aos amigos. Havia muita parceria na hora da diversão. Eu não participei desses momentos, pois não tinha idade adequada na época. Numa dessas histórias, meus irmãos Marino e a Regina estavam indo para um mati-baile na comunidade vizinha e deram carona para uma amiga. Porém a amiga estava usando uma saia longa e sentou no para-lama. De repente o trator passou em cima de uma pedra, pois naquela região era comum se deparar com muitas pedras. Entretanto com isso o trator balançou de um lado para o outro e a saia dela acabou sendo puxada pela roda. Quando meus irmãos perceberam, ela estava caída no chão, toda suja, pois a roda do trator tinha passado em cima das pernas dela. Foi um momento muito tenso, eles socorreram ela e seguiram para o mati-baile. Meu irmão, com medo da reação do pai, pediu para elas não contarem nada para ninguém.

Mas, como a verdade sempre vem à tona, depois de muito tempo a Regina foi com o pai passear lá, e quando menos esperavam acabaram encontrando o irmão daquela amiga, que ao rever a Regina, acabou relembrando daquele momento tenso, e disse que sua irmã tinha passado por uns momentos complicados até melhorar daquele episódio. Foi nesse momento que o pai, muito assustado e surpreso, acabou ficando sabendo do ocorrido e nem queria acreditar nisso.

Certo dia o meu pai estava mexendo no trator, que estava no pátio de casa. Enquanto ele foi buscar uma ferramenta no galpão, percebeu um barulho e viu que algo não estava certo. Foi quando o meu irmão gritou dizendo que o trator estava andando sozinho. Meu pai viu aquela cena e não queria acreditar, correu atrás e tentou mexer no volante, mas não conseguiu. O trator foi no sentido do pasto, onde havia uma descida íngreme e com muitas pedras enormes.

Que cena triste, o trator desceu a ladeira, passou por cima de uma pedra gigante e ficou cravado na terra. Deu muito trabalho para tirar ele de lá. Essa é uma das cenas que ficaram na memória, pois, apesar de não ser agradável, foi chocante naquele momento.

E assim o tempo passava e os momentos iam ficando registrados na memória, sem perceber que íamos construindo histórias.

Arquivo pessoal: meu pai no trator Agrale

Arquivo pessoal: meu irmão Domingos no trator Agrale

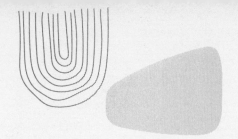

LAMBRETA

Tenho pouca lembrança da lambreta, mas ouço muitas histórias de meus irmãos sobre ela. Meu pai utilizava para ir na comunidade, nos vizinhos e até na cidade, pois, além de econômica, também era prática e ágil.

A lambreta era barulhenta, e quando ligava ela fazia uns barulhos que imitavam tiros, muitas vezes eram assustadores.

Certo dia, quando o meu pai ligou ela para ir na cidade, como sempre a lambreta fez aqueles barulhos de tiros. Então meu irmão Domingos, que sempre queria ir junto e estava bem próximo dele, levou um susto tão grande que caiu no chão e se afogou naquela poeira. Devido ao susto, ele ficou mais ou menos 30 dias sem falar. Meu pai, que nem percebeu o ocorrido, seguiu para a cidade sem olhar para trás.

Quando o pai chegou da cidade, minha mãe estava uma fera com ele, e muito preocupada, pois o Domingos tinha perdido a fala no susto que levou. Depois disso, toda vez que meu pai ia ligar a lambreta, ele tinha que empurrar ela até a curva da estrada para não assustar meu irmão com o barulho.

A curiosidade de criança fez com ele passasse por essa experiência, mas graças a Deus se recuperou e não ficou nenhuma sequela.

Certamente, muitos outros momentos bons ficaram nas lembranças de toda a família. E assim tudo acontecia naquela fantasia de criança, em que dar uma volta de lambreta era algo mágico, sentir o vento no rosto transmitia uma sensação e sentimento de alegria e liberdade.

Arquivo pessoal: ilustração de Rosangela Morvan

JIPE

Esta é mais uma das histórias que ouço de meus irmãos, pois não me recordo destes momentos. Meus irmãos contam que nosso pai tinha um jipe, que ele utilizava para passear e ir à cidade.

Certo dia, o pai estava indo para a cidade, e meu irmão Marino quis ir junto de carona até a escola da comunidade. Então o pai seguiu para a cidade com ele, mas teve que parar num vizinho que ficava no meio do caminho, nesse momento o pai disse para o Marino descer e seguir a pé até a escola. Porque ele não iria parar lá, para não perder o embalo, pois logo à frente tinha uma subida íngreme.

Mas, na ideia de peralta de menino, ele pensou que subindo nos ferros atrás do jipe o pai não iria ver, e ele poderia pular quando estivesse passando em frente à escola. E foi isso que ele fez; quando estava passando, não pensou duas vezes, pulou do jipe conforme tinha planejado.

Porém, o que ninguém espera aconteceu, meu irmão caiu de cara no chão. As professoras e alunos que estavam na escola levaram um susto e correram para ajudá-lo. Então perceberam que o jipe já estava longe, e o pai nem se deu conta do ocorrido.

Após passar o susto e limpar os ferimentos, que não foram poucos, as professoras viram o quanto ele estava machucado e ficaram com muita pena dele. Quando o pai chegou da cidade e percebeu o que tinha acontecido, levou um susto. Meu irmão levou uma bronca dele, e passou muito tempo para melhorar da queda. Mais uma das peraltices de criança.

"Nós viajávamos na parte de trás. Tinha dois bancos de lata na lateral. Quando íamos para a cidade, que ficava a uns 18 km, chegávamos em casa com o nariz cheio de fumaça do escapamento do jipe. Mas era, sem dúvida, um dos passeios mais divertidos da Família Buscapé!", fala de meu irmão Marino.

Arquivo pessoal: ilustração de Rosangela Morvan

AS MEMÓRIAS AFETIVAS

Das boas lembranças que trago na memória produzidas por momentos felizes que vivemos, entre tantos, a lembrança de meus tios e primos é algo que me marcou muito a infância. As conversas, os causos, o carinho e as broncas, tudo fez parte de uma construção, de uma jornada de vida, de um grande aprendizado.

Convivíamos mais com as famílias dos tios que viviam mais próximos. Lembro-me que a Tia Nida sempre tinha um pote com pirulitos e balas, quando íamos na casa dela brincar com os(as) primos(as) era uma alegria, e sempre ganhávamos doces.

A galinhada mais famosa era a da Tia Rosa. Que delícia quando nos reuníamos na casa dela, e não podia faltar o prato principal. Essa sensação prazerosa até hoje está em nossas memórias e nas rodas de conversas de família. As brincadeiras sempre eram intensas com os(as) primos(as), brincávamos daquelas brincadeiras de infância.

O Tio Tonho era sempre parceiro e participava junto nos banhos no rio Santa Rosa. Foi ele que salvou a minha irmã Antônia, que estava se afogando enquanto brincava no rio.

Quando sabíamos que as tias iriam vir nos visitar, era uma alegria imensa, ficávamos ansiosos contando os dias. Adorávamos ouvir o que elas tinham de novidades para contar. A Tia Orildes, sempre alegre e sorridente, com seu jeito único de ser, sempre trazia mimos e principalmente nos transmitia muito amor e carinho. As visitas da Tia Lídia foram também marcantes, as gargalhadas eram contagiantes, ela sempre estava rindo quando contava alguma coisa. Certo dia ela veio passear na Páscoa e trouxe uns ovos de chocolate, embrulhados no papel laminado colorido. Eram momentos mágicos e significativos, que deixaram marcas coloridas e um sabor imensurável da infância.

Os passeios na casa dos avós eram mágicos, com sabor de carinho. Mas quando as crianças faziam alguma arte eram corrigidas imediatamente, e isso fez com que nos tornássemos adultos responsáveis e conscientes de nossos atos.

O avô materno, Olímpio Venites, era descendente de espanhol e a avó, Maria Letícia Venites, era descendente de italiano.

O avô paterno, Ermelindo Lucas, era descendente de portugueses e não sabemos a descendência da avó paterna, Antônia dos Santos Lucas.

Costumávamos nos comunicar por carta com as tias que moravam longe. As trocas de informações nos traziam alegrias e outras vezes preocupação. Passavam alguns meses para as informações serem atualizadas. Mas nem a distância ou falta de recursos financeiros ou tecnológicos nos impediam de nos comunicarmos.

Diante dessas lembranças, percebo o quanto é importante dar atenção e carinho a uma criança. Isso deixa marcas, faz uma grande diferença e pode transformar a vida de uma criança.

Hoje em dia, não utilizamos mais as cartas como meio de comunicação, pois o avanço da tecnologia trouxe outras formas de contato por meio das mídias sociais. Nem precisamos fazer uma ligação, pois temos as mensagens escritas e áudios que chegam instantaneamente à pessoa desejada. No entanto, apesar de todas as ferramentas digitais disponíveis, muitas vezes nos tornamos mais distantes uns dos outros do que na época das correspondências por cartas. Apesar de tantas tecnologias, está faltando comunicação entre as pessoas.

Arquivo pessoal: avós e tios paternos

Quando nossos bisavós paternos, Maurício Couto Lucas e Izaltina Couto Lucas, chegaram de Portugal, havia muita perseguição, então, trocaram o sobrenome, de Couto para Lucas. Naquela época, muitas família que vinham fugidas da guerra trocavam de nome ou de sobrenome. Nossa irmã Regina, intrigada com alguns acontecimentos, de memória, a qual sempre buscava no passado alguns fatos, resolveu investigar e descobriu esse segredo de família que até então estava em sigilo. E depois de uma viagem a Portugal ela resolveu fazer uma âncora e gravar os nomes de nossos bisavós paternos.

Arquivo pessoal: nome dos bisavós paternos

Arquivo pessoal: avós e tios maternos

Arquivo pessoal: avô Olímpio e avó Maria com a minha mãe e suas irmãs, Lidia e Orildes

Arquivo pessoal: Tia Lidia e os primos (eu a segunda do lado direito)

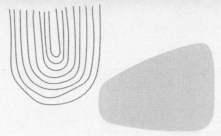

A SANFONA

A melhor sinfonia já ouvida até hoje era o barulho da sanfona, que meu pai costumava chamar de "gaita". Todas as noites ele gostava de tocar a sanfona, e motivo nunca faltava. Se estava triste com alguma preocupação, ele tocava para alegrar, afinal minha mãe sempre dizia que quem canta os males espanta. Mas se estava alegre com algum acontecimento, ele tocava para comemorar. E quando chovia, ele logo pegava a sanfona, e era uma forma de agradecer a Deus pela chuva.

Arquivo pessoal

Nos encontros de família, sempre ouvíamos nossos avós e tios também tocarem a sanfona. E desde criança já aprendíamos a dançar com os adultos. As rodas de conversas eram contagiantes, e o chimarrão não podia faltar.

Essa tradição é passada de geração em geração. Porém a habilidade de tocar sanfona apenas alguns conseguem desenvolver. Meu irmão Marino herdou esse dom da família. E era o maior orgulho de meu pai, que ficava encantado olhando ele tocar.

65

Minha mãe gostava muito de ouvir a sanfona e cantava junto algumas modas. Ela gostava também de dançar enquanto eles tocavam. Com certeza sempre foi a maior alegria de toda a família.

Arquivo pessoal

E agora continua com o meu irmão Marino, que faz dupla com o violeiro, nosso cunhado Pedro.

Não consigo imaginar os encontros familiares sem as cantorias das modas antigas, isso de certa forma nos remete às memórias de infância. O som e as canções nos transmitem ensinamentos. Mensagens de amor e paz encontradas nas letras das canções que nos fortalecem espiritualmente.

É preciso saber ouvir, saber sentir, ser grato e dar valor às pequenas coisas, que fazem a diferença em nossas vidas. Quando eu falo da sanfona, que foi tão marcante em nossas vidas, consigo ouvir aquela melodia da infância, sentir o ritmo e refletir sobre a letra das canções. Quando eu ouvia a canção, preferia que fosse a música da chalana, ficava imaginado o rio, as paisagens por onde a chalana passaria.

E, como diz o cantor Almir Sater: "É preciso amor para poder pulsar, é preciso paz para poder sorrir, é preciso a chuva para florir"...

Arquivo pessoal: a sanfona sempre estava presente nas rodas de conversas

Arquivo pessoal: encontros de família

Arquivo pessoal: encontro de família

NOSSOS PAIS

Arquivo pessoal

Crescemos vendo nossos pais superarem cada obstáculo que a vida colocava em seus caminhos, passaram por momentos tão difíceis que às vezes iam dormir exaustos e com lágrimas nos olhos. Mas mesmo assim a cada amanhecer iniciavam o dia com energia e ânimo para dar Amor incondicional.

Eles são exemplo de honestidade, determinação e garra, construíram uma história de vida e trabalho árduo, pois tudo era mais difícil de conseguir naquela época.

Não tiveram oportunidade de estudar, pois tinham que trabalhar. Lembro que a mãe sempre contava que estudou apenas dois anos, e os materiais utilizados para escrever eram uma tábua e mandioca. Usava a tábua como caderno e a mandioca cortava fina e deixava secar para usar como lápis. Mas teve que parar de estudar para trabalhar na roça e ajudar a cuidar dos irmãos mais novos.

O mesmo ocorreu com o pai, que estudou muito pouco e logo teve que largar os estudos e se dedicar ao trabalho na agricultura.

Eles não tiveram a oportunidade de continuar os estudos, no entanto, sempre tiveram a preocupação com a escolaridade dos filhos, e fizeram tudo o que estava em seu alcance para incentivá-los a estudar.

Naquela época era comum que os meninos fossem morar em seminários para poder dar continuidade nos estudos. Então o meu irmão Marino foi morar em São Paulo num seminário. A minha irmã mais velha, a Antônia Maria, foi morar com uma tia no Paraná, a Regina e a Lourdes foram trabalhar em casas de famílias e parentes na cidade mais próxima da região onde vivíamos com o objetivo também de estudar. E dessa forma todos concluíram seus estudos, realizando o sonho de nossos pais.

Seu Nicolau e Dona Elza constituíram uma família composta de seis filhos, que foram educados seguindo os valores, conforme eram passados de geração em geração. Valores esses que levo para a vida toda como base e alicerce familiar.

O trabalho sempre era árduo, e com muita economia conseguiram aos poucos se estruturar financeiramente. Mesmo após um dia exaustivo de trabalho, sempre ouvíamos o som da sanfona tocada pelo meu pai. E gostávamos muito de ouvir os contos dos adultos, apesar de algumas vezes essas histórias amedrontarem as crianças.

O tempo foi passando, os filhos se casaram e vieram os(as) netos(as), quanta alegria para os avós. Os encontros de família ficavam cada vez maiores, e depois de uma boa conversa, a sanfona entrava em ação e muitas vezes acabava em dança. Quantas memórias desses momentos mágicos em família.

Uma das características marcantes em minha mãe era a empatia e a solidariedade, então, quando ela já estava aposentada, se envolveu em trabalhos socias. Pois sempre gostou de ajudar as pessoas, então na Pastoral da Criança teve a oportunidade de ajudar todos que precisavam. Ela fez um curso sobre as ervas medicinais e recebeu um certificado de "Medicina Caseira", o qual exibia com muito orgulho. Sua maior alegria era ver as pessoas curadas com seus remédios caseiros. E esse trabalho voluntário era muito gratificante para ela.

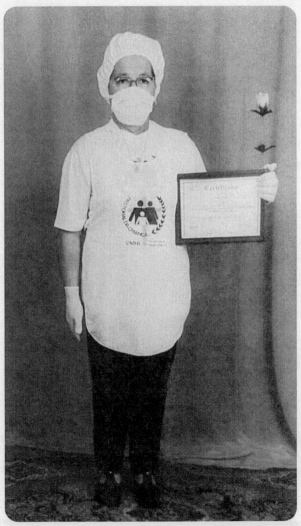

Arquivo pessoal: certificado de Medicina Caseira

Certo dia percebeu que estava com alguns sintomas desconhecidos por ela até então. E como ela tratava e curava de tanta gente, logo pensou em pesquisar sobre o que estava sentindo e fazer um tratamento por contra própria. Mas com o tempo sentiu que estava cada dia mais fraca, algumas vezes tinha dificuldades de trocar de roupa sozinha. Então resolveu falar para os filhos e aceitar ajuda. Porém sua história estava traçada por Deus, e após alguns exames veio o diagnóstico de leucemia. O médico deu o prazo de seis meses de vida, mas ela lutou bravamente como uma guerreira que era. Sempre otimista, quando melhorava um pouco, falava que tinha se curado, no entanto a doença oscilava, e ela decaía novamente. Fez o doloroso tratamento, aproximadamente durante três anos, sempre com muita fé e sem reclamar.

Cumpriu a sua missão aqui na Terra, e no dia 25 de julho de 2007 se tornou a estrela mais brilhante do universo. Deixando um grande legado por onde passou.

Arquivo pessoal: meus pais e meus irmãos (último registro de todos juntos)

O meu pai, depois disso, mudou-se novamente para Vera Cruz do Oeste. Fez muitos amigos no Clube dos Idosos, gostava muito de uma boa conversa, uma roda de chimarrão e a velha sanfona de sempre.

Após um ano viúvo, casou-se com a minha tia Orildes, porém cada um continuou morando em sua casa, ela no Mato Grosso do Sul e ele em Vera Cruz do Oeste, Paraná. Se visitavam sempre que podiam, e nenhum dos dois quis sair de perto de seus filhos e familiares. Com o passar do tempo, as viagens ficaram cada vez mais difíceis devido ao avanço da idade, então eles decidiram se separar e cada um seguiu o seu destino.

Mas no ano em que ele ia completar 80 anos passou por grande dificuldade de saúde, pois estourou uma úlcera no estômago. E, no meio de tanta dor, ele teve uma ideia e disse que se ele melhorasse iria fazer uma festa no aniversário e chamar todos os seus irmãos. E ele só falava na organização da festa e isso deu motivação para ele se recuperar. Além dos irmãos dele, também vieram muitos familiares e amigos, a festa aconteceu e reencontrá-los foi muita emoção!

Arquivo pessoal: os irmãos do vô Nicolau

Arquivo pessoal: netos do vô Nicolau

     E o tempo ia passando, mas ele sentia a falta de uma companhia, pois gostava de uma boa conversa tomando chimarrão, e de alguém para ouvir o som da sanfona. Foi então que surgiu outra pessoa em sua vida. Ele conheceu a Zelinda, com quem viveu cerca de três anos. Eram parceiros, gostavam de viajar juntos, visitar os familiares e ir nos bailes no Clube do Vovô. E já eram tradição as festas no dia de seu aniversário!

Arquivo pessoal: mais uma das festas do aniversário do vô Nicolau

Arquivo pessoal

Ele estava muito feliz, pois fazia tudo o que mais gostava, mas no ano de 2020 ele começou a enfrentar alguns problemas mais sérios de saúde. Preocupado com seu bem-estar, tomava tudo o que lhe indicavam, pois acreditava muito no que as pessoas falavam. Mas cada dia a sua saúde estava mais debilitada.

De sorriso largo, brincalhão, questionador e festeiro, nos deixou um grande legado. Em 21 de novembro desse mesmo ano, tornou-se mais uma estrela a nos iluminar.

Na dinâmica da vida, contornamos muitos desafios, porém o mais difícil é nos despedir de nossos pais... mas trago no peito a gratidão por tudo o que fizeram por nós, os exemplos de honestidade, trabalho, respeito e amor ao próximo. Somos fortes porque fomos criados por alguém mais forte do que nós.

E, quando a saudade bate, eu busco nas memórias os bons momentos que tivemos. Sempre focando coisas positivas, pois com certeza é assim que eles gostariam que estivéssemos.

MUDAMOS PARA O PARANÁ

As oportunidades de estudo e trabalho para os jovens eram escassas naquela região. Trabalho mesmo só tinha nas lavouras, na agricultura. Diante disso os jovens, sempre que tinham uma chance de ir trabalhar na cidade, não pensavam duas vezes. Minhas irmãs, Antônia, Lurdes e Regina, trabalharam em casas de famílias para poder dar continuidade aos estudos. Já o meu irmão Marino recebeu o convite para ir estudar no colégio dos seminaristas em São Paulo, ficou lá por alguns anos, e saiu quando foi servir o quartel.

Essas eram as oportunidades que tinha para poder continuar os estudos. Apesar da cidade mais próxima estar a aproximadamente 30 km da comunidade onde morávamos, nossos pais sempre incentivaram a estudar. Eu e meu irmão Domingos, como somos os mais novos dos irmãos, não passamos por essa fase de sair de casa.

Certo dia a Tia Orildes pediu se a mãe deixava uma das filhas vir morar com ela no Paraná para lhes fazer companhia e também poderia trabalhar e estudar. Então minha irmã mais velha, a Antônia, demonstrou interesse e foi morar com a Tia. O tempo passou e quando menos percebemos minha irmã estava de casamento marcado. Então fomos no evento, que aconteceu em Toledo. Ficamos impressionados com tudo o que vimos, e meu pai gostou muito das terras e do clima do Oeste do Paraná. Depois de um ano de casados, eles foram nos visitar e incentivaram o pai, falando das possibilidades de comprar uma propriedade lá. A partir desse dia, o pai procurou colocar o sítio à venda e foi se planejando para fazer a primeira mudança da Família Buscapé.

E o tão sonhado dia chegou! Não tínhamos muitas coisas para arrumar para a mudança, mas tínhamos tudo o que precisávamos. No caminhão, além dos móveis e demais pertences, também couberam o carro, o trator e uma vaca. A família viajou dentro do carro que estava no caminhão com a mudança.

O destino escolhido para a nova morada foi um município no Oeste do Paraná, local de terras férteis, temperatura agradável e população hospitaleira. E foi assim que no ano de 1984 mudamos de São Pedro, distrito de Tuparendi, interior do Rio Grande do Sul, para o município de Vera Cruz do Oeste, Paraná.

E na simplicidade da vida percebemos que o menos muitas vezes significa mais. Que, para uma família de oito pessoas, ter um guarda-roupas de duas portas era o suficiente para guardar a roupa da família toda. Afinal a bagagem maior nós carregávamos no coração. Tínhamos tudo o que precisávamos, sem exageros, sem consumismo, mas com qualidade de vida.

Arquivo pessoal: ilustração de Rosangela Morvan

E O TEMPO PASSAVA

Conhecer e conviver numa cidade era algo que parecia tão distante para mim que até então só tinha morado no campo. Tudo era novidade e tão fascinante. Que alegria ver as luzes nas ruas à noite, e como era divertido fazer novas amizades. Estudei no Colégio Estadual Marquês de Paranaguá e no Colégio Estadual Vital Brasil.

Um dos lugares onde os jovens costumavam se divertir era na discoteca Charlie Chaplin. Nessa época havia muito eventos, e eu gostava de participar.

Foi em Vera Cruz do Oeste que fiz a minha carteira de trabalho, e conquistei o meu primeiro emprego, que foi na loja Trento, local onde hoje está localizado o Supermercado Aliança.

Foram momentos, na adolescência, de grande aprendizado. Fase que deixou marcas significativas na alma. Lembranças dos estudos, professores, colegas, amigos e também da iniciação ao trabalho formal.

No ano de 1989, mudamos para Boa Vista da Aparecida. Nessa época o meu irmão Domingos estava no quartel

Arquivo pessoal: eventos na Charlie Chaplin

e os demais já estavam casados. Então somente eu acompanhei meus pais na nova morada.

Meu irmão Marino casou-se com a Sueli Firmino, e então continuou morando no município de Vera Cruz do Oeste. Devido a isso, nós sempre voltávamos para esse município para visitá-los.

Vivi em Boa Vista da Aparecida o tempo suficiente para terminar os estudos e conhecer pessoas incríveis, fazer grandes amizades, com as quais sempre que possível entro em contato e nos visitamos.

Arquivo da internet: Boa Vista da Aparecida, PR
Disponível em: https://www.ferias.tur.br/fotos/5852/boa-vista-da-aparecida-
-pr.html. Acesso em: 10 ago. 2023.

Na perspectiva de melhores ofertas e condições de trabalho, no ano de 1993 tive a oportunidade de morar em Foz do Iguaçu. Agradeço imensamente à minha irmã Regina, que me acolheu em sua casa dando suporte naquele momento.

Na dinâmica da vida, o tempo passava. Foram muitos desafios que se transformaram em aprendizados, e grandes conquistas. De repente toda aquela insegurança de criança se transformava aos poucos em coragem e atitude.

FOZ DO IGUAÇU

   Cidade da Tríplice Fronteira, onde a natureza é exuberante. Local que proporciona muitas opções de passeios turísticos cercado de belezas naturais. As Cataratas do Iguaçu são a sétima maravilha da natureza. A Itaipu Binacional é uma das maiores barragens geradoras de energia elétrica. São inúmeras as atrações, além dos países vizinhos, que são o Paraguai e a Argentina. O município de Foz do Iguaçu recebe em média 1,5 milhão de visitantes por ano, vêm turistas do mundo todo. Para aqueles que não conhecem, vale a pena conhecer.

Arquivo da internet: Foz do Iguaçu, PR (Ponte da Amizade) Disponível em: https://www.h2foz.com.br/economia/foz-do-iguacu-foi-o-7o-
-municipio-do-parana-em-geracao-de-empregos/. Acesso em: 10 ago. 2023.

Aqui conquistei minha liberdade e autonomia. Trabalhei por alguns anos como vendedora nas lojas de shopping em Ciudad del Este, PY. Usava o transporte coletivo e cruzava a Ponte da Amizade todos os dias. Vi muitas coisas acontecerem na ponte, tais como: roubos a turistas (eu mesma fui roubada algumas vezes), suicídio de pessoas que pulavam da ponte, protestos e muitos turistas e trabalhadores que circulavam diariamente.

Certo dia, estávamos trabalhando, quando de repente circulou a informação de que a Ponte da Amizade estava trancada por manifestantes, que reivindicavam melhorias. Ninguém entrava no Paraguai nem no Brasil, pois no meio da ponte estavam os protestantes, que não deixavam ninguém passar. Esse foi um dos momentos mais tensos que passei, e não tinha nada que pudéssemos fazer para reverter aquela situação. Estávamos exaustos, cansados e com fome. Então tivemos a notícia de que às 11h da noite a ponte seria liberada por 30 minutos e somente para pedestre.

Quando a população ficou sabendo dessa informação, todos tentaram chegar o mais próximo possível da corda, pois sabiam que só teriam 30 minutos para fazer a travessia. Então foi aquela aglomeração e, quando eles soltaram fogos, liberaram a pista e disseram que em 30 minutos iriam trancar novamente, foi aquele salve-se quem puder. Da mesma forma que tinha muitas pessoas tentando entrar no Brasil, também tinha muitas pessoas tentando entrar no Paraguai, e se cruzavam naquele entrevero. Gente com compras na cabeça, cada um tentando sair daquela situação. Graças a Deus, tudo acabou bem.

Outra situação de medo que passei foi quando cruzava a ponte num dia chuvoso e quando percebemos se aproximou muito rápido um temporal, o vento era tão forte que fiquei com medo de cair lá de cima, tive que ficar por alguns minutos segurando firme num pilar, até o vento acalmar.

E uma das piores cenas que já presenciei foi quando uma garota que andava logo à frente se jogou da ponte, sem que ninguém pudesse fazer algo para impedir.

Mas houve também muitos momentos maravilhosos, muito aprendizado. Saber como viver e conviver numa cidade do porte de Foz do Iguaçu. Conhecer os perigos e desfrutar de todas as atrações e maravilhas que esse lugar oferece.

Foi nessa cidade encantadora que fiz grandes amizades, conheci o meu esposo, Marcos, que é natural de Narandiba, São Paulo, e tive meus dois filhos. Nós construímos nossos projetos de vida, mas Deus tem planos que no momento talvez não conseguimos entender. Então, com três anos de casada, meu esposo passou por problemas graves de visão.

Certo dia, ao chegar do trabalho, ele percebeu que algo não estava bem, pois a visão estava turva e com ondas. No dia seguinte, procuramos um oftalmologista; depois de alguns exames, foi detectado um descolamento na retina. O doutor ao passar o diagnóstico disse que era algo incomum, mas que poderia acontecer. Disse que o caso era irreversível e que teria que fazer uma cirurgia a laser no dia seguinte em Curitiba. A cirurgia foi realizada para evitar a perda total da visão. Diante disso ele conseguiu ficar com 20% de visão do olho direito, no esquerdo teve perda total. Foram momentos críticos, de muito cuidado, paciência e fé. Pois ele teria que se adaptar com as limitações e sequelas provocadas pelo descolamento da retina.

Para uma pessoa saudável e ativa, foi muito complicado, pois em 30 dias tudo tinha ocorrido. Mas Deus coloca anjos em nossos caminhos, e nós temos muita gratidão à minha irmã Regina e cunhado Marcos, ao nosso amigo Miguel e a todos que ajudaram de alguma forma para que pudéssemos superar aqueles momentos difíceis.

Passaram-se alguns dias, e depois da cirurgia realizada eu não me senti muito bem, fui fazer uns exames e descobri que estava grávida do meu filho mais velho. Por alguns momentos, presenciei meu esposo de madrugada tapando um olho e fazendo o teste para ver se ainda estava enxergando, pois o maior medo dele era não conseguir ver o filho nascer. Talvez não tenha visto como gostaria, mas Deus permitiu que ele ficasse com um pouco de visão. E assim o tempo foi passando e fomos nos adaptando a novas rotinas; depois de três anos, tivemos o nosso segundo filho; dessa vez ele já estava habituado com as limitações e dificuldades provocadas pela falta de visão.

O ser humano se adapta às limitações, e dessa forma ele consegue realizar algumas tarefas. Muitas vezes, tentando fazer as coisas, ele se machuca por não ver bem, mas não desiste de tentar. Uma das maiores dificuldades enfrentadas por ele é não reconhecer as pessoas. Geralmente reconhece pela voz, mas se a pessoa está longe dele, fica mais difícil reconhecê-las. Hoje, após vinte e cinco anos que ocorreu o descolamento de retina, ele está com apenas 15% da visão periférica total.

Temos que seguir os planos de Deus e confiar que tudo dará certo. Nada acontece por acaso. Agradecemos sempre a Deus pelos 15% que restaram da visão, pois, segundo o oftalmologista, o deslocamento de retina geralmente causa cegueira. É preciso ter a consciência de que é importante cuidar do restinho de visão que ficou.

Como diz Mario Sergio Cortella, "Faça o teu melhor, na condição que você tem, enquanto você não tem condições melhores, para fazer melhor ainda!".

Foz do Iguaçu marcou significativamente minha vida. Descobri como conviver com o medo, a violência, a insegurança. Conheci pessoas incríveis, fiz grandes amizades e visitei lugares fantásticos. Me tornei mulher, esposa, e senti o mais puro amor incondicional da maternidade. Trago na memória a lição das dificuldades, e a alegria das conquistas, e dos bons momentos vivenciados.

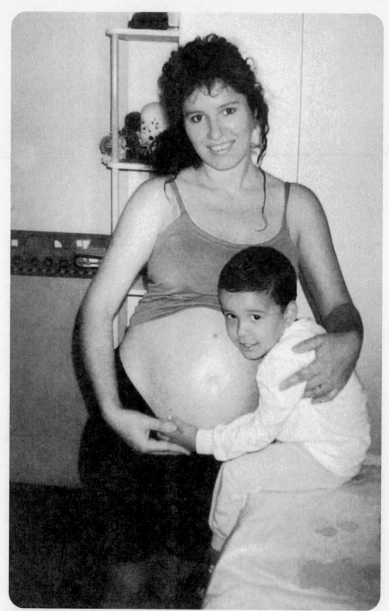

Arquivo pessoal: em Foz do Iguaçu nasceram os meus dois filhos

MORAR NO LITORAL

Estávamos em fase de adaptação com as limitações enfrentadas pelo problema de visão que havia ocorrido com o meu esposo. E pensando em melhor qualidade de vida, o oftalmologista que acompanhava o caso disse que deveríamos procurar um lugar de temperatura agradável e tranquilo para morar, sugerindo o litoral.

Moramos no litoral do Paraná, e foi uma experiência incrível, pois conhecemos o dia a dia da vida praiana. Lá, fora de temporada, era pacato e tranquilo, tínhamos poucos vizinhos, pois a maioria das casas eram de pessoas que vinham passar o final de semana na praia ou eram casas de aluguel para temporada. Por meio de amigos que fizemos lá, conhecemos diversos pratos típicos de frutos do mar, feitos por moradores nativos daquela região.

Arquivo da internet: Matinhos, PR
Disponível em: https://www.viajeparana.com/Matinhos. Acesso em: 10 ago. 2023.

Mas na temporada todas as casas ficavam lotadas, com um movimento intenso tanto na praia quanto nos comércios locais.

Era nesse momento que todos os comerciantes aproveitavam para intensificar os trabalhos da melhor forma, com a tão esperada época de temporada, pois sabiam que logo passava e voltaria a calmaria novamente.

Uma das maravilhas de se viver no litoral é ter a oportunidade de desfrutar das belezas naturais, curtir a praia, as caminhadas, andar de bicicleta, as pescarias, tanto no mar como nos rios. Mas convivemos também com as dificuldades enfrentadas pelos moradores de lá, que são: as fortes chuvas que coincidem com a maré alta ocasionando as enchentes, a maresia, o mofo, a areia dentro de casa trazida pelo vento diariamente e o cupim, que é uma praga no litoral.

Gostamos de viver lá, no entanto a qualidade de vida que buscávamos para a visão de meu esposo não foi a esperada, pois a claridade mais intensa causada pelas águas, areia e também o vento arenoso acabaram sendo prejudiciais para os olhos dele. E devido a isso decidimos retornar para o Oeste do Paraná.

Moramos no sítio de minha irmã Regina em São Miguel do Iguaçu, essa foi uma das melhores fases para meus filhos, pois gostavam muito de andar na natureza, pescar e brincar com os primos que também moravam lá. Certo dia, eles decidiram fazer uma tirolesa, que saía de uma árvore a passava por cima do açude. Quando ficou pronto já era inverno e nesse dia estava um frio intenso. Mas a galerinha estava lá testando para ver se estava tudo certo, eu vendo meus sobrinhos descerem felizes, se divertindo muito, não resisti, pois sempre gostei de esportes radicais. Então fui lá com eles, subi a escadinha até a casinha da árvore, quando cheguei lá em cima, senti uma insegurança, pois era super alto, então eu pensei, vou descer logo, antes que acabe a coragem. Nesse momento eu escutei o meu sobrinho Lucas dizer tia, tia, mas, para não perder o embalo, me lancei na tirolesa. Em seguida, descobri porque o Lucas estava me chamando, pois ele queria me dizer que a rondana da tirolesa estava fora do trilho. Descobri tarde demais....pois fiquei pendurada segurando só pelas mãos, naquela altura. Todos ficaram preocupados e ao mesmo tempo riam muito me vendo naquela situação e não tinha o que fazer, depois de alguns minutos, não resisti e tive que me soltar, caindo dentro do açude com blusa de frio, calça e tênis, pois estava muito frio naquele dia, então sai nadando até o barranco e fui rápido tomar um banho quente. Mas depois desse episódio, a rondana não travou mais e no verão nos divertimos muito na tirolesa. Passamos bons momentos, no entanto sempre pensando no bem-estar de meu esposo devido à visão, retornamos para Foz do Iguaçu.

Arquivo pessoal: sítio em São Miguel do Iguaçu, com os primos Lucas, Rafael e Rayssa

Cada região tem sua cultura, costumes, peculiaridades e desafios que vão agregando conhecimentos. Conhecer e vivenciar essas realidades nos proporciona um novo olhar, uma nova leitura de mundo.

E na busca por qualidade de vida continuamos sonhando com um lugar tranquilo, onde fosse agradável para a visão de meu esposo e também que as crianças pudessem brincar livremente.

Arquivo pessoal: Matinhos, litoral do Paraná

NOVOS RUMOS

Na busca de um lugar que fosse mais sossegado, com temperatura agradável e na tentativa de melhor adaptação com as limitações da visão de meu esposo, focando qualidade de vida, sentimos a necessidade de nos mudarmos novamente. Foi assim que em 2005 mudamos de Foz do Iguaçu para o município de Vera Cruz do Oeste, Paraná.

Arquivo da internet: município de Vera Cruz do Oeste, PR
Disponível em: https://www.paranaturismo.com.br/vera-cruz-do-oeste/.
Acesso em: 10 ago. 2023.

Aqui encontramos a liberdade nas brincadeiras das crianças, e na dinâmica das vivências do dia a dia. Meu filho mais velho já estava no Pré II e logo socializou com os novos coleguinhas.

Depois de alguns anos me dedicando à família e trabalhos domésticos, senti a necessidade de continuar os estudos, que haviam ficado para trás.

Buscar retomar os estudos, e dar início na faculdade, era um grande desafio, algo que parecia tão distante, pois dois filhos pequenos e o esposo com problemas de visão realmente tornavam isso ainda mais desafiante, apesar de sempre ter o apoio dele.

Então, eu tive a oportunidade de conhecer a Cida Demito Pilegi, que era um ícone em relação aos cursos de graduação e pós-graduação. Ela me incentivou a retornar aos estudos. E no ano de 2010 me formei em Pedagogia, após muitas lutas e desafios. Também por incentivo dela, logo em seguida comecei a cursar a especialização (em nível de pós-graduação) em Educação Especial. Cursei também a faculdade de História, e em seguida mais uma pós-graduação, em Gestão Escolar; fiz também uma pós em Psicopedagogia e outra em Educação do Campo. Foi um caminho árduo, de muita determinação, pois conciliar a nossa rotina com os estudos não é fácil. Porém é possível.

Arquivo pessoal: formatura da faculdade de Pedagogia

A primeira porta de trabalho na área da educação foi como estagiária, primeiramente trabalhei como professora e instrutora de imersão tecnológica, com aulas de informática no laboratório da biblioteca da Prefeitura Municipal, em seguida atuei na Escola Municipal José do Couto Pinna, e foi a melhor faculdade da vida real, pois proporcionou as práticas e vivências do chão da escola, onde aprendi muito. Porém, precisamos da teoria para embasar as nossas práticas.

Arquivo pessoal

Foi na secretaria da Escola Municipal Geraldo Batista Chaves que conheci uma pessoa incrível, com a qual eu aprendi muito e carrego os ensinamentos para a vida. Ela é dona de um coração gigante, exemplo de profissionalismo e um ser humano iluminado por Deus, com ela sinto o gosto de colinho de mãe, é assim que guardo as lembranças de minha amiga Adina Martin Silva Kulcheski.

Nesse período, conheci muitas pessoas que foram e são muito importantes para mim, mas não posso deixar de mencionar uma pessoa com a qual aprendi muito sobre coordenação pedagógica e direção escolar; ela, com o seu coração repleto de amor, humildade e carisma, conquista a todos. Assim descrevo a minha amiga Terezinha Zanetti Bragato.

Arquivo pessoal

Na foto, estamos eu e a Terezinha no lago municipal, num evento para plantio de árvores, desenvolvido pela Semed.

Ambas, tanto a Adina Martin Silva Kulcheski quanto a Terezinha Zanetti Bragato, hoje estão aposentadas, fizeram muita falta na escola e deixaram um grande legado para a Educação de nosso município. A vocês a minha eterna gratidão e admiração.

Então era hora de encarar o primeiro concurso público. E quando cheguei na escola para trabalhar no dia seguinte ao resultado, uma colega de trabalho veio ao meu encontro me parabenizando pela aprovação no concurso. Eu não havia atentado que já tinha saído o resultado. E, quando fui ver, daí entendi o porquê dos parabéns da colega, pois eu havia passado em primeiro lugar, nem eu estava acreditando.

Assumi o concurso, e no ano seguinte fui convidada pela Terezinha Zanetti Bragato a ser coordenadora pedagógica, e assim fiquei na coordenação por quatro anos seguidos. Depois me coloquei à disposição na eleição para direção escolar, cargo em que atuei por cinco anos. É uma função de grandes responsabilidades, é um aprendizado diário. Aprendi e me fortaleci muito nesses anos à frente dos trabalhos da gestão escolar. Foram muitos desafios e grandes conquistas, pois as equipes de trabalho eram sempre eficientes, no pedagógico, administrativo e serviços gerais. Como um quebra-cabeça, todas as peças são fundamentais e um complementa o outro. E juntos alcançamos nossos objetivos.

Amo a minha profissão, tenho orgulho de ser Professora. Acredito na transformação a partir da educação. Precisamos de novos olhares e Política Públicas voltadas às necessidades da educação, pois educação não é gasto, e sim investimento.

Outra pauta tão importante quanto a educação é a segurança no entorno e âmbito escolar. Esta semana, mais precisamente no dia 5/4/2023, houve mais uma tragédia, um homem atacou um Cemei em Blumenau, Santa Catarina, matou quatro crianças com uma machadinha e feriu outras. Infelizmente, cenas como essas estão acontecendo com frequência em nosso país.

Diante da dinâmica da vida, é importante fazer o que gosta, e dar o seu melhor. Desafios sempre haverá, porém com planejamento, organização, fé e pensamento positivo conseguimos superar as fases da vida, sempre com muito otimismo. O aprendizado é diário, sempre temos algo para aprender ou aperfeiçoar. A busca por novos conhecimentos permite ampliar os horizontes.

O município de Vera Cruz do Oeste é uma região agrícola, de temperatura agradável e população hospitaleira. Eu e minha família nos identificamos e fixamos residência aqui nesse município que amamos. Conhecida pelos mais chegados como Veco.

Arquivo pessoal: Eu Amo VECO

Aqui tive a oportunidade de conhecer e participar de um movimento organizado e idealizado, pensando no desenvolvimento futuro do Município de Vera Cruz do Oeste. Nesse sentido, vem acontecendo desde 2020, um grandioso Projeto "Transformar Vera Cruz", um movimento de iniciativa da ACIV com o envolvimento de representantes da comunidade, iniciativa privada, sociedade civil e poder público, com o objetivo de buscar ideias para fazer a população "sonhar" e desenvolver ações para o bom desenvolvimento do município. Transformar Vera Cruz em uma cidade empreendedora, para que as famílias tenham oportunidade e orgulho de morar aqui, é uma responsabilidade de todos. Eu tenho o privilégio de fazer parte desse projeto contribuindo nas ações desenvolvidas. É um projeto a longo prazo, mas muitos resultados positivos das ações já são visíveis.

Ao falar das coisas boas que acontecem no município, me veio à memória um dos orgulhos dos munícipes, que é a Fanfarra. Isso só acontece porque o Professor Gilberto Carnelose Verderio faz um trabalho maravilhoso com os componentes da Fanfarra. Ensaiam no decorrer do ano para fazer no dia 7 de setembro um incrível espetáculo, com muita emoção, e abrilhantando o desfile cívico. O Professor Gilberto realiza esse trabalho incansável com muito amor e dedicação há muitos anos, de forma voluntária. Nossa Fanfarra é admirada e reconhecida em toda a região.

Arquivo pessoal

Arquivo pessoal: Professor Gilberto com a Fanfarra

Falar sobre meus filhos daria conteúdo para um novo livro, pois são muitas as memórias de desafios e conquistas de um amor incondicional. Mas deixo aqui registrado como eles estão hoje em dia. Tenho dois filhos, que nasceram no município de Foz do Iguaçu. Eles sempre gostavam muito de brincar em meio à natureza, e tiveram a oportunidade, pois buscamos proporcionar isso a eles.

Arquivo pessoal

Meu filho Marcos é casado com a Jaqueline Girardi, e com muita garra, determinação e trabalho árduo, hoje são proprietários do restaurante Peixe Frito Kinhos. Ele desde criança sempre gostou muito de pescar, e com 2 anos e meio já pescou o seu primeiro peixe (lambari). Sempre teve o espírito de empreendedor; depois de várias tentativas, se identificou com a ideia de criar peixes e abrir o restaurante. O nome "Kinhos" veio da infância. Quando era criança, os primos o chamavam de Marquinhos, depois o primo Rafael começou a chamar de Kinhos, e assim ficou o apelido dele. Eles formam um casal admirável, são guerreiros e estão sempre juntos trabalhando para alcançar os seus objetivos. Eles têm um canal de pesca no YouTube, **"kinhos pescaria"**, onde divulgam vídeos de pesca e também mostram como criar e limpar os diversos tipos de peixes, tanto de açude como de tanques e aquários. Quem não conhece o canal, vale a pena conhecer! Em setembro, durante a revisão desta obra, recebi a notícia de uma benção em nossa família. Minha nora Jaqueline está grávida. Estamos muito felizes com a chegada do Marcos Gabriel.

Arquivo pessoal: meus filhos, Marcos e Edu, e minha nora, Jaqueline

Arquivo pessoal

O Edu, meu filho mais novo, apesar de gostar muito de pescarias, preferiu investir nos estudos. Assim que concluiu o ensino médio no Colégio Estadual Vital Brasil, ingressou na faculdade de Medicina. Depois de muito esforço e dedicação nos estudos, hoje ele está iniciando o sexto ano de faculdade.

Ainda tem um caminho árduo pela frente. Mas com fé em Deus se tornará um profissional humano e com empatia para com as pessoas que tanto necessitam de atendimento na área da saúde.

Tenho também duas enteadas, a Virgínia e a Geovana, pessoas guerreiras e iluminadas por Deus, que nos deram quatro netos(as).

Arquivo pessoal

A Virgínia tem uma história complexa e divertida para entender... pois ela casou-se com o meu irmão Domingos, então ao mesmo tempo que ela é minha enteada também se tornou minha cunhada.

O meu irmão é cunhado e genro do meu marido. E a Julia e a Maria Clara são netas e sobrinhas ao mesmo tempo. É uma mistura de parentesco que veio para somar.

Arquivo pessoal

Geo e Vi, a vida me presenteou com vocês, pessoas admiráveis, com que aprendi a conviver e amar.

A Geovana é a mais nova, ela é dona de um sorriso largo, menina guerreira, sempre lutou para conquistar e realizar os seus projetos de vida.

É casada com o Roderlei, e juntos eles não têm medo de desafios e estão sempre lutando pelos seus objetivos. Construíram uma família linda, são pais do Gabriel e da Isis.

Que Deus abençoes sempre seus caminhos e suas escolhas.

Ao escrever estes capítulos, sinto um filme passar na minha cabeça, foram muitos momentos desafiantes e de grandes crescimentos. Saber absorver e agregar o que nos fortalece e deixar ir o que não nos faz bem é um dos segredos da vida para podermos manter o equilíbrio!

Na minha trajetória de vida, sinto-me orgulhosa da família abençoada que constituí, da profissão que conquistei e dos tesouros que Deus me deu, que são os meus filhos.

Arquivo pessoal: linha do tempo dos filhos

RELATOS DE FATOS MARCANTES

Certo dia, o nosso pai, Nicolau, voltava de uma vigem, e estavam com ele a minha irmã Lourdes e sua filha. A viagem era longa e, apesar de ser durante o dia, era difícil de segurar o sono. Em conversa com a minha irmã, ela fez o relato a seguir:

"Estávamos retornando de uma viagem longa e cansativa. O dia demorava a passar e aquele sol escaldante refletia nas belas paisagens por onde passávamos. De repente, o sono se abateu sobre todos nós. E, quando eu acordei, nós tínhamos descido um barranco enorme e estávamos no meio da roça. Foi um susto muito grande, mas graças a Deus ninguém se feriu. Eu acredito que foram as mãos de Deus que nos protegeram naquele momento".

Lourdes Angelina Lucas Johann

Em conversa com a minha irmã Antônia Maria, descobri que ela era a fotógrafa e modelo da família. A única foto que eu tenho sozinha da minha infância ela me disse que foi ela que tirou. Mas ela também teve um momento marcante em sua vida conforme nos conta:

"O que me marcou na adolescência foi a máquina fotográfica. E a prova disso são as fotos que estão nesta obra. Estou na foto do fusca, da TL vermelha, na nossa moradia de infância, a casa onde temos muitas lembranças... E a foto do rio Santa Rosa eu tirei da janela do meu quarto. Eu amava tirar fotos!

E depois de adulta um dos meus sonhos era ter filhos, mas, após um ano de casada, e não tendo engravidado, decidimos procurar orientação médica. Então iniciamos o tratamento, que durou dez anos. Porém, não houve o resultado esperado. Foi então que a minha mãe disse para nós adotarmos, e que teríamos um amor de filho legítimo. Passou mais tempo, e o próprio médico nos orientou a adotarmos.

Ficamos pensativos, e decidimos conversar com a minha irmã Regina. Ela falou para fazermos um pedido de adoção no juiz. Então ficamos nove meses e meio de espera na fila... De repente recebemos uma ligação do hospital. O tão sonhado dia chegou, e quando chegamos lá, avistamos seis crianças na espera para serem adotadas. Mas por uma delas o meu coração bateu mais forte, tudo nela me chamou atenção, foi amor à primeira vista. Eu sentia Deus demonstrando que aquela era a minha menina.

Com nossa filha nos braços, e muito felizes, fomos fazer a documentação e registrar em nosso nome. Minha filha, Jaqueline Salet, nos deu muitas alegrias, e uma delas é a minha neta, Giovanna, de 5 anos. Sou uma mãe e avó muito amorosa e realizada, com fé em Deus e Nossa Senhora Aparecida. Gratidão.

Outro fato marcante aconteceu no dia da missa de sétimo dia de nossa mãe. Todos os irmãos estávamos na casa de nosso pai, e então a nossa cunhada Sueli disse que havia sonhado na noite anterior que na máquina de costura tinha uma carta da mãe para nós. Diante disso, fomos procurar na máquina, então eu encontrei. Nessa carta ela relatava que costumava desmanchar sal grosso na água fervida para usar como tempero na comida. E certo dia o nosso irmão Domingos estava começando a andar, puxou a alça da caneca de água fervente sobre o rosto dele. Em meio ao choro dele e o desespero de todos, a mãe, de joelhos, fez um pedido com muita fé a Nossa Senhora Aparecida, que livrasse nosso irmão daquela dor e que não ficassem cicatrizes em seu rosto. De repente ele começou a parar de chorar, e graças a Nossa Senhora Aparecida não ficaram cicatrizes. Foi um grande legado e demonstração de Fé que nossa mãe deixou!".

Antônia Maria Lucas Salet

Meu irmão Domingos passou por muitos momentos significativos em sua vida. Morou fora do país, e com muita garra lutou pelos seus objetivos. Mas ele destacou um fato que foi o mais marcante para toda a família, e também a história de seu nascimento, conforme fala dele a seguir:

"A doença que atingiu nossa filha mais nova: Maria Clara, caiu sobre nossas cabeças como uma bomba.

Foram dias difíceis, uma doença que era de fácil tratamento: púrpura de Henoch-Schönlein, mas pouco conhecida pelos médicos aqui da nossa região, se agravou e fez com que o estado de saúde dela se complicasse. Mas graças a Deus e às orações de todos da família as coisas foram se encaminhando.

O médico certo, o tratamento certo, fez com que ela se recuperasse.

Hoje somos gratos a Deus porque, de um momento difícil, nos fortalecemos na fé, no amor e na união familiar.

Nossa mãe sempre que tinha oportunidade, contava aos parentes ou aos amigos mais próximos, com muito orgulho e gratidão, que quando estava grávida teve que trabalhar muito até o último dia de gestação. E nesse dia passou muito mal e foi levada ao hospital, onde o médico constatou que já tinha passado da hora de eu nascer. Então o médico fez o parto e percebeu que o bebê estava sem vida, ele realizou os procedimentos para tentar reanimar, mas sem êxito. Nesse momento o médico disse: 'Vamos cuidar da mãe, que a criança está sem vida'. Mas minha mãe, ao ouvir isso, não aceitou e disse para o médico: 'Não, ele não morreu', e o médico pegou o bebê, mostrou para a mãe e deixou na mesa de volta. Nesse momento, em fração de segundos, mas com muita fé, ela fez uma promessa a Nossa Senhora Aparecida: se eu sobrevivesse, ela colocaria o nome de Domingos em homenagem ao santo, São Domingos, e em seguida pediu ao médico novamente para ele ver o bebê, dizendo que ele não tinha morrido. O médico, já impaciente, pegou o bebê e disse: 'Não está vendo que está morto?'. Nesse momento o bebê deu sinal de vida! E foi assim, por meio dessa história, que ela nos deixou esse grande exemplo de superação a partir da fé, amor e gratidão a Deus por tudo".

Domingos Sávio Lucas

ARQUIVO PESSOAL: RAFAEL E SUA FAMÍLIA

Quando a minha irmã Regina falou que gostaria que eu colocasse o relato de um milagre que aconteceu na família dela, eu fiquei muito emocionada, pois já sabia do que ela estava falando. Mas, quando recebi o relato com tanta riqueza de detalhes, e comecei a ler, as lágrimas começaram a cair, do começo ao fim. Segue o relato nas palavras dela...

"Relato de um grande milagre na vida do nosso filho Rafael Mallmann Neto". No dia 5 de agosto de 2014, às 4h15 da manhã, o telefone toca e meu esposo, Marcos, atende, é meu filho Lucas, que está ligando de Maringá. 'Oi, pai, tudo bem? Pai, você e a mãe precisam vir para Maringá, porque o Rafael estava jogando bola depois da faculdade e passou mal, desmaiou. Ele está internado no hospital, tive que internar no particular, então vocês precisam vir, pois a tesouraria do hospital quer um cheque-caução'. Então eu ouvindo a conversa, ainda sonolenta, levantei rápido da cama, peguei uma bolsa e comecei a arrumar as coisas, sem entender o que estava acontecendo. Nesse dia, às 19h, a minha filha Rayssa iria embarcar para a Tailândia em um intercâmbio pelo Rotary, onde ficaria por um ano. Então eu peguei uma mala, coloquei três mudas de roupas para mim, coloquei uma muda de roupa para o meu marido, mas pensei: ele me leva até Maringá e volta para levar a Rayssa ao embarque para a Tailândia; até então eu não sabia da gravidade do ocorrido. Fui até o quarto da Rayssa, dei um beijo nela e falei: 'Filha, o seu pai está me levando para Maringá, porque o Rafael estava jogando bola, passou mal, desmaiou, deve ter batido a cabeça, ele está internado no hospital. O Lucas pediu para eu e o seu pai irmos até Maringá, porque temos que dar um cheque-caução lá no hospital'. A Rayssa mais que rápido pulou da cama e falou: 'Mãe, eu vou junto'. Eu disse: 'Filha, você embarca hoje para a Tailândia e tem que terminar de arrumar sua mala, seu pai só vai me levar e ele volta'. Ela falou: 'Mesmo assim vou junto, depois eu volto com o meu pai'. Então eu disse: 'Pegue uma muda de roupa'. Em seguida partimos em direção a Maringá, rezamos para fazermos uma boa viagem e pedi a Deus para tomar conta do que estava acontecendo com o nosso filho Rafael. No caminho, a Rayssa me falou: 'Mãe, você já parou pra pensar que eu tenho que estar duas horas antes no aeroporto, não vai dar tempo de eu embarcar hoje, vai ser muito corrido, acho melhor remarcar a minha viagem'. Então eu falei para ela que remarcasse, que seria bem melhor, e ela me perguntou pra quando, aí eu falei: 'Já que vai remarcar, pode ser daqui a uma semana, aí poderemos passar o final de semana lá em Maringá com o Lucas e o Rafael antes da tua viagem'.

Chegando em Maringá, o Lucas pediu que passássemos no apartamento, que ele teria ido tomar um banho e era pra passar pra pegá-lo; quando chegamos ao apartamento, abracei o Lucas, nosso filho mais velho, e perguntei: 'Como seu irmão está?'. Ele, com os olhos bem vermelhos, falou: 'Mãe, eu não sei direito, mas vamos até o hospital, vocês falam com o médico. Sei que ele está na UTI, acho que bateu a cabeça, então deixaram na UTI'.

Quando chegamos ao hospital, eu e meu marido não fazíamos ideia de que tão grave era a situação. O Lucas disse para eu entrar com ele, pois sabia onde era a UTI: 'Eu vou com a mãe, deixo a mãe lá, volto e busco o pai, porque podem ficar até duas pessoas lá com ele'. Nos dirigimos até a UTI do Hospital Santa Rita, Hospital do Coração de Maringá. Quando cheguei à UTI na qual o meu filho estava, achei estranho, pois ele estava aparentemente dormindo, mas com muitos aparelhos ligados e todos apitando, e eu sem entender o que estava acontecendo cheguei bem próximo do meu filho Rafael, peguei sua mão, segurei entre as minhas e disse: 'Meu filho, a mãe chegou, está tudo bem e você logo estará bem'.

Então comecei a rezar, entreguei ele nas mãos de Deus, pedi que Nossa Senhora cobrisse ele com o seu manto, e que tudo iria dar certo. Foi então que o médico entrou e perguntou para o Lucas: 'É a sua mãe?'. O Lucas respondeu que sim, então o médico chegou bem próximo de mim e falou: 'Mãe, seu filho está muito mal'. Eu disse ao médico: 'Meu filho vai ficar bem'.

O médico disse: 'Mãe, seu filho teve uma morte súbita e não aguenta 24 horas nos aparelhos, ele está muito mal'. Foi quando o chão se abriu, aí eu gritei... desesperada, chorando muito, segurei os braços do médico e disse: 'Doutor, ele vai ficar bom, não fale isso, ele vai ficar bem'. Então o médico me perguntou: 'Mãe, você acredita em Deus?'. 'Sim, eu acredito'. E o médico me respondeu: 'Então comece a rezar, só um milagre na vida do seu filho'. Nesse momento eu já estava em pânico, e meu filho Lucas havia corrido na portaria para buscar o seu pai.

Então chegaram várias enfermeiras, e o médico me falou: 'Você não poderá ficar acompanhando o seu filho, pois o seu estado é muito preocupante'. Eu gritei, chorei, pedi pelo amor de Deus que me deixasse perto do meu filho, que eu só iria rezar.

Levaram-me para fora da UTI, em uma sala de espera, para me acalmar; a minha boca, minhas pernas e meus braços amortecidos; e então eu só pedia que Deus me ajudasse, que Deus trouxesse meu filho de volta, respirando do meu lado; quando me acalmei um pouco, me levaram para fora do hospital e voltamos para o apartamento. A nossa filha Rayssa ficou de acompanhante do Rafael, a UTI era individual e poderia ficar um acompanhante 24 horas, fazendo a troca de 12 a 13h.

Quando cheguei ao apartamento, as lágrimas não paravam de escorrer dos meus olhos, então lembrei de ir até a igreja, que era a uma quadra e meia do apartamento dos nossos filhos. Disse para o meu marido e meu filho Lucas que iria até a igreja conversar com o padre e que às 15h teria a missa.

Fui até a igreja às 14h30, chegando lá fui direto ao encontro do padre e relatei o que havia acontecido: nosso filho Rafael, 19 anos, estudante de Administração na Uhem, após a aula, por volta das 23h, estava jogando futebol com a turma de amigos da sala de aula; foi quando faltou um jogador, e ele, que aquele dia estava com o carro do irmão, Lucas, foi até o apartamento, que era perto, para buscar o amigo Odair, que morava em um dos quartos. Então o Rafael jogou uns 15 minutos, sentiu uma dor no peito, parou de jogar, falou pro amigo que estava com uma dor e queria parar um pouco, então comprou uma Coca e um salgadinho. Passados uns 15 minutos, voltou a jogar, já sem dor, e acabaram ganhando o jogo. Muito felizes, os dois voltaram para o apartamento cantando, felizes por terem ganhado o jogo.

O Rafael tirou seu tênis, deitou no sofá e começou a mexer no celular, seu amigo sentou ao lado e também ficou mexendo no celular, quando de repente viu o celular do Rafael cair no chão. O amigo falou: 'Cara, vai quebrar teu celular'; quando olhou para o rosto e viu que ele não estava bem, então ele gritou chamando 'Rafael, Rafael', e ele não respondeu. Foi quando o seu amigo Odair correu ao quarto do Lucas, que estava dormindo, acordou-o e disse que o Rafael estava afogado. O Lucas correu à sala, pegou o irmão, tentou fazer manobras de primeiros socorros procurando desafogar, não teve êxito, pediu para o amigo ligar o chuveiro com água gelada e colocaram o Rafael sob a água gelada, sem êxito, levou para a cama, tentou fazer massagem de primeiros socorros massageando o coração, mas também não teve êxito. Foi quando o Lucas disse: 'Vamos levar ele para a Unimed', então chamaram o elevador, foram até a garagem, entraram no carro e, quando foi abrir o portão, o Lucas percebeu que o Rafael havia levado o controle para o apartamento, então ele pediu para o amigo que massageasse o irmão enquanto ele subiu ao apartamento para buscar o controle do portão.

Chegando à Unimed, o Lucas pegou o irmão, que já estava com a cor preta e todo mole, jogou ele no ombro e entrou correndo porta adentro da Unimed, gritando: 'Salvem o meu irmão, pelo amor Deus'. Correram, colocaram o Rafael em uma maca e começaram a tentar reanimar com o choque, foi depois de seis tentativas que conseguiram colocá-lo nos aparelhos. Então o médico da Unimed falou para o Lucas: 'Seu irmão não aguenta muitas horas aqui nesses aparelhos, deve fazer a transferência para um Hospital do Coração, que lá terá uma aparelhagem mais adequada para o quadro dele. O Lucas não pensou duas vezes, foi socorrer o irmão, de ambulância e nos aparelhos deu entrada no Hospital do Coração Santa Rita em Maringá, e no laudo estava que o jovem Rafael teve uma morte súbita.

O padre me acalmou e disse para eu ter fé e acreditar que nosso filho iria ficar bem. O padre, durante a missa, pediu pela cura do Rafael e pediu orações para todos os fiéis, falou que era um jovem de apenas 19 anos, sem nenhum vício, que morava em Maringá para fazer a faculdade e que seus pais moravam em São Miguel do Iguaçu, que sua mãe estava ali no banco da frente em desespero.

No final da missa, houve uma fila de pessoas que eu nunca havia visto, me confortando, que iriam colocá-lo nos grupos de orações, em suas orações e que tudo ficaria bem. Por último, aproximou-se uma senhora japonesa, com as mãos fechadas, e falou: 'Filha, te trouxe um presente'. Eu falei: 'Presente???'. Então ela estendeu as mãos até mim e disse: 'Faz exatamente dois meses que estive em Fátima, em Portugal, e trouxe de lá do Santuário essa imagem com água benta, hoje peguei a última para levar a uma amiga minha, mas Deus me disse que você está precisando mais do que ela. Então eu peguei aquela imagem com água benta e junto passou um calor, uma força inexplicável, e ela disse: "Unge seu filho e ora com fé que Nossa Senhora de Fátima vai curá-lo". Foi o que fiz todos os dias com muita fé e coragem, também colocamos nas redes sociais de todos da família pedindo orações as amigos, parentes e a todos independentemente de religião, então em poucos dias as orações chegaram numa dimensão em nível do Mundo (foi no Brasil, Tailândia, Estados Unidos, Paraguai e México).

Passadas 24 horas, o médico autorizou a visita de todos os familiares, parentes e amigos que quisessem visitá-lo, pois o Rafael permanecia em coma, sem nenhum sinal de esperança. Meu pai, com todos os meus irmãos, o meu sogro, com os irmãos do Marcos, os amigos do Rafael que moram em São Miguel do Iguaçu, todos estiveram visitando o Rafael na UTI. No terceiro dia, o médico nos passou que ele estava com uma pneumonia muito forte e que já estava no segundo antibiótico e não estava tendo melhoras, que nós deveríamos ficar preparados para o pior... Outro desespero... mas as orações, a fé e a coragem eram muito grandes.

No quinto dia, com a última tentativa, do terceiro antibiótico, graças a Deus teve sinal de melhoras da pneumonia. No décimo terceiro dia, com a misericórdia de Deus, o nosso Rafael voltou do coma, a princípio bem debilitado, não conseguia falar, pois estava com uma traqueostomia, não conseguia escrever, pois suas mãos não tinham coordenação motora e não conseguia caminhar. O médico cardiologista disse para nós fazermos um acompanhamento com uma psicóloga, e ela iria falar com a família, porque as sequelas do Rafael seriam muito graves, pois ele teria ficado muito tempo sem respirar e nós deveríamos estar preparados para saber lidar com ele. Eu disse para o médico que o meu psicólogo é Deus e que eu não estava preocupada em saber se nosso filho teria sequelas ou não, eu só queria ele respirando do meu lado e que eu confio em Deus.

Arquivo pessoal

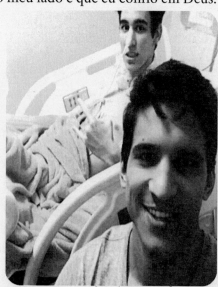

Arquivo pessoal

Foram dezoito dias de UTI e três dias no quarto. Graças a Deus, nosso filho Rafael deu alta no décimo primeiro dia e saiu andando do hospital. Com um simples eletrocardiograma foi confirmado: a Síndrome de Wolff-Parkinson-White (WPW) é causada por uma alteração genética do paciente. Por isso, trata-se de uma síndrome congênita, ou seja, o paciente já nasce com essa alteração. Noventa e cinco por cento das pessoas que passam por esse problema não sobrevivem e em cinco por cento das pessoas as sequelas são muito grandes.

Depois de uma semana, passou por um procedimento cirúrgico (Ablação) no Hospital Angelina Caron, de Curitiba. Então, após o procedimento cirúrgico, a Rayssa embarcou para a Tailândia, muito feliz pela recuperação do seu irmão Rafael, que passou por uma morte súbita e ressuscitou perfeito (foi o que os médicos colocaram no laudo).

No retorno com o médico cardiologista, ele disse: 'Mãe, você é uma pessoa de fé, porque a medicina não explica e posso afirmar que foi um milagre', e pediu para tirar uma foto com o Rafael, pois ele estava diante de um verdadeiro milagre e queria deixar registrado. O médico nos convidou para irmos até a UTI para fazer uma surpresa para a equipe que atendeu o Rafael, então fomos com ele e quando chegamos nos receberam com uma calorosa salva de palmas, muito emocionante. As enfermeiras tocavam no Rafael e falavam: 'Cara, tu ressuscitou e está perfeito, tu estava como morto na UTI, isso é um milagre'.

Fiz uma promessa que se o Rafael se salvasse eu iria se possível com ele junto até o Santuário de Fátima em Portugal. E graças a Deus no dia 14/4/2022 eu e nosso filho

Árvore Azinheira em Portugal.
Arquivo pessoal

Rafael estivemos no Santuário de Fátima agradecendo o milagre recebido.

Essa é a árvore Azinheira, em que Nossa Senhora apareceu em Portugal.

Deus orientou nosso filho Lucas o tempo todo a socorrer o irmão. Ele nos contou que teve força para fazer tudo que pôde. Depois de internado no Hospital do Coração e sabendo que ele estava sendo atendido, ainda no hospital o Lucas começou a chorar muito e rezar pedindo para Deus que salvasse o seu irmão, abraçou o amigo Odair e juntos rezaram e choraram muito até passar a tensão nervosa para depois com calma ligar e avisar seus pais.

A Rayssa depois que voltou do intercâmbio nos contou que queria fazer Medicina porque, como acompanhante do Rafael, queria muito ter feito alguma coisa para ajudar o irmão e não pôde. Neste ano de 2023, ela se forma em Medicina e tenho certeza que ela vai ajudar muitas pessoas que precisam.

Rafael é muito querido e amado por todos e com certeza tem um propósito muito lindo em sua vida, no momento se encontra em Vancouver, no Canadá, fazendo uma pós e trabalhando. Gratidão define!".

Regina Carmeli Lucas Mallmann

Finalizo os relatos marcantes com uma fala de meu irmão Marino, que diz assim:

"De tudo que trago na memória, a educação que nossos pais nos deram foi muito importante para nos tornarmos o que somos hoje. Ninguém era mimado ou protegido, cada um de nós sabíamos os valores e o respeito a tudo e a todos. Para sair de onde saímos, e ver como estamos hoje, cada um construiu o seu caminho, a sua família, com o suor de seu próprio trabalho, pois sabíamos o valor das coisas. E se hoje somos uma geração de raízes fortes, é porque fomos criados por alguém mais forte do que nós!".

Marino Jorge Lucas

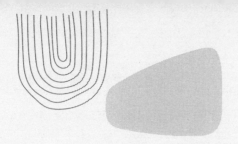

COVID-19

O ano de 2020 iniciou e com ele muitos planos e projetos. Tudo corria muito bem, os trabalhos se encaminhando como todo início de ano. De repente começamos a ouvir a palavra "pandemia", que até então o seu significado era desconhecido por muitos.

Em 11 de março de 2020, a Covid-19 foi caracterizada pela Organização Mundial da Saúde (OMS) como uma pandemia. Até o momento, poucos acreditavam no que ouviam, e tudo isso parecia estar tão longe de nós. No entanto o coronavírus se propagava e disseminava muito rápido.

Esse novo coronavírus é responsável por causar a doença **Covid-19**. Diante disso uma série de protocolos de saúde foram criados e uma nova rotina, incluindo o distanciamento social e o uso de máscaras, foi imposta pelos representantes dos governos dos estados.

O governador do Paraná fez um decreto com medidas para conter a propagação do novo coronavírus. O governo também recomenda que as aulas em escolas e universidades pública sejam suspensas, a partir de sexta-feira, dia 20 de março de 2020. Nesse dia, foi a pior sensação já sentida, pois tivemos que fechar a escola e ficar em casa.

Tínhamos a impressão de que deveríamos voltar para a escola. Diante de todo o contexto, iniciou-se um grande desafio, não só nas escolas, que tiveram que se adaptar com aulas remotas, como também na área da saúde, que tiveram as frentes de trabalhos contínuos. Os comerciantes, que tiveram os seus comércios fechados, enfim todas as esferas foram de alguma forma atingidas pela pandemia.

Mas o que marcou ainda mais foram as vidas perdidas, em nosso município foi uma perda imensurável. Chegou o momento em que quase todos os dias alguém falecia, e como o município é pequeno, então todos se comoviam.

Eu também passei por um grande desafio, pois contraí o coronavírus e fiquei hospitalizada. Foram momentos difíceis, de muita fé e superação. Certa noite em que eu estava no hospital, ouvi uma enfermeira falar assim: "Hoje nós temos internados o prefeito, o secretário de Indústria e Comércio e uma vereadora". No dia seguinte, fiquei sabendo que o secretário de Indústria e Comércio havia sido transferido para Cascavel. Alguns dias se passaram e a enfermeira então me disse que eu iria ser transferida com o prefeito para Cascavel, pois havia surgido vaga lá nos leitos hospitalares.

Lembro bem que falei para o doutor que não queria ir, no entanto ele disse que eu teria que ir sim, e que lá seria melhor para mim. No dia marcado para a transferência, eu recebi a visita da minha família e a minha vontade era de ir para casa com eles, apesar de estar me sentindo horrível, toda inchada e com dificuldades para respirar.

Naquele dia, quando a noite chegou, eu estava ansiosa com aquela situação, e de repente vi na janela umas luzes coloridas, era a ambulância do Samu, então eu pensei: "Agora eu vou ter que ir mesmo". Então entrou a equipe de enfermeiros, se identificaram e falaram para mim que iriam me levar para Cascavel com o prefeito. No entanto, ao fazer os procedimentos, eu passei mal e eles chegaram à conclusão de que teriam que levar primeiro o prefeito, que já estava na maca dentro da ambulância, e pedir outro transporte para mim. Em seguida a enfermeira se aproximou e me disse que havia solicitado outro transporte e que era para eu aguardar que logo chegaria outra ambulância.

Os minutos não passavam e cada segundo parecia uma eternidade. Mas quando percebi já era 1h da manhã e novamente as luzes coloridas na janela, o meu coração começou a disparar! A ambulância chegou, outra equipe de enfermeiros se apresentou e iniciou novamente os procedimentos. Quando já estava quase tudo pronto para eu ir para a maca da ambulância, uma enfermeira apareceu com uns papéis na mão e disse assim: "Qual paciente mesmo vocês vieram buscar?", então a equipe falou o meu nome completo. A enfermeira, mais que surpresa, disse que tinha algo de errado, pois na ficha estava paciente para UTI, e que eu não era paciente de UTI. Então a equipe pediu licença e disse que iria ver o que estava acontecendo. Em seguida voltaram e pediram desculpas, pois haviam trocado as fichas, e a paciente que tinham vindo buscar era outra pessoa, que era para a UTI. A enfermeira se aproximou novamente, e me disse para ficar tranquila que ela iria chamar outro transporte para mim. Em seguida ela retornou e me deu a notícia de que, devido à demora e todo o transtorno ocorrido, a vaga lá em Cascavel já havia sido preenchida, e que eu estava novamente na fila de espera por leito.

Ao ouvir isso, o meu coração começou a se acalmar, e eu disse para mim mesma que iria melhorar e ir para casa. Na manhã seguinte, o médico e equipe estavam surpresos de me ver ainda lá. E toda vez que eles passavam perguntando como eu estava me sentindo, eu falava com toda firmeza que estava me sentindo melhor, e só pensava em ir para casa. Foquei a ideia de que iria melhorar com as graças de Deus.

Depois de mais alguns dias, tive alta hospitalar, fui para o conforto da família. Apesar de toda a dificuldade para se alimentar, andar e tomar banho, mesmo assim eu sabia que o pior já tinha passado. Uma semana se passou até que comecei a me sentir mais forte e já conseguia andar no pátio de casa.

Então, eu e meu esposo fomos dar umas voltas de camioneta, e quando chegamos, percebi que ainda estava muito fraca, lembro-me que fiquei muito cansada.

Arquivo pessoal: primeira vez que saí depois da Covid-19

Infelizmente, dos três que a enfermeira tinha falado alguns dias atrás, que estavam hospitalizados naquela noite, tanto o prefeito Marcos Vilas Boas Pescador quanto o secretário de Indústria e Comércio Antônio Carlos Fonseca faleceram naquela semana, e foi uma perda imensurável para toda a comunidade.

A pandemia do coronavírus deixou muitas marcas, mas também muito aprendizado. Nas longas noites que passei naquele leito de hospital, percebi o quão pequenos somos, diante das grandezas de Deus. Quando, em meio à dor, ao medo e à angústia, era ainda possível ouvir vozes e hinos de pessoas abençoadas que todas as noites estavam do lado de fora do hospital, unidas pela fé, pedindo a Deus saúde para aqueles que estavam precisando. E de repente, no meio de tudo isso, eu recebi um bilhete dizendo assim: "Eu estive aqui e não pude entrar, te amo, continue firme", esse gesto de amor tinha tanto valor para mim que dinheiro nenhum comprava.

Mas essa doença deixa muitas sequelas nas pessoas. Eu convivo com dificuldades de memorização, e isso me prejudica no dia a dia, principalmente no trabalho; devido a essa sequela, tomei a decisão de escrever esta obra; isso porque, segundo os especialistas em memorização, o cérebro precisa de estímulos, e a escrita, assim como a leitura, exerce esse efeito sobre ele. Escrever faz com que nosso cérebro se mantenha concentrado e ajuda a exercitar a mente e deixá-la mais alerta para as atividades rotineiras.

Minha imensa gratidão a todos os Profissionais da Saúde que não mediram esforços para desempenhar os trabalhos de enfrentamento ao coronavírus.

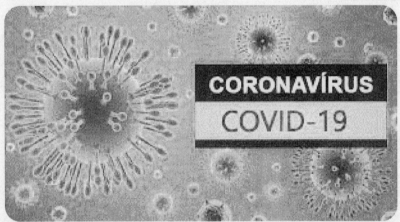

https://www.santocristo.rs.gov.br/site/noticias/administracao/48366-coronavirus-covid-19

POLÍTICA

O conceito de políticas públicas descreve as ações desenvolvidas pelo governo para garantir direitos à população em diversas áreas, como saúde, educação e lazer, com o objetivo de promover qualidade de vida e bem-estar à população.

Desde criança, sempre via o meu pai ouvindo no rádio o programa "A Voz do Brasil". Ele gostava de ficar por dentro dos acontecimentos políticos. Eu enquanto criança não entendia o porquê do interesse de meu pai por aquele programa. Lembro que ele pedia silêncio para as crianças, para poder ouvir melhor.

O tempo foi passando e então meu pai começou a acompanhar os programas de notícias de jornal na televisão. Eram os momentos de assistir favoritos dele.

Eu nunca tinha muito interesse por esse assunto, mas o tempo foi passando e de repente recebi o convite para me filiar em um partido político, e sair como candidata a vereadora. Nem pensei duas vezes, fui logo dizendo que isso não era para mim, pois nunca tive interesse em me envolver na política.

Mais uma gestão se passou, e novamente recebi o convite, então compartilhei a ideia com a minha família. Para a minha surpresa, tive o apoio deles. Meu esposo e filhos me apoiaram. Meu pai se demonstrou muito preocupado, disse para eu pensar bem, e ficou ansioso em saber qual seria a minha decisão. Se eu iria aceitar o convite e em qual partido se filiar.

Depois de muito diálogo com os familiares e alguns amigos, tomei a difícil decisão, que foi de aceitar o convite. Esse foi um dos maiores desafios de minha vida, afinal era um caminho desconhecido e incerto, tudo era muito novo para mim.

E foi assim que iniciei a minha trajetória como agente política, no ano de 2020. Após me filiar no Pros (Partido Republicano da Ordem Social), quando tive a oportunidade de conhecer o saudoso Marcos Vilas Boas Pescador. Um grande líder, e guerreiro pelas causas do município, neto do fundador da cidade, ele sempre demonstrou o seu amor por Vera Cruz do Oeste. Infelizmente faleceu durante a pandemia do coronavírus, deixando um grande legado...

Então iniciei a minha campanha sem nenhuma experiência, mas com atitude, determinação e fé. Tive o apoio de familiares e amigos, que me fortaleceram nessa caminhada. E trazia comigo os conselhos que eu ouvia diariamente do meu pai, que me esperava ansioso todos os dias para saber como estava indo a campanha.

De repente meu pai começou a apresentar problemas de saúde, que ao passar dos dias iam se agravando. E cada dia que eu passava na casa dele, logo ele ia perguntando como estava a campanha. Os dias foram passando e ele ficando cada vez mais debilitado. Diante disso ele demonstrava uma vontade imensa de ir votar no dia da eleição, mas ao mesmo tempo ficava preocupado, porque ele se sentia fraco, e às vezes pedia quantos dias faltavam para o dia da eleição, e então dizia que achava que não iria conseguir ir votar.

A campanha ia acontecendo e aos poucos eu ia perdendo o meu maior incentivador político, que era o meu pai. A saúde estava cada vez mais debilitada, até o momento em que ele foi para a UTI. E no dia da eleição ele estava internado e não conseguiu votar, conforme a sua vontade. Mas ficou sabendo do resultado e fez um áudio, com muita dificuldade, em que dava para entender que ele ficou feliz com o resultado e me deu os "parabéns". No dia seguinte à eleição, eu fui no hospital, mas ele não me reconheceu mais. E conforme os planos de Deus exatamente uma semana depois ele nos deixou.

Por um momento, perdi o chão, perdi o norte. Mas Deus nos dá forças e discernimento para continuarmos com os nossos projetos de vida e seguirmos os bons exemplos deixados por eles.

E sobre a campanha política, com tudo isso acontecendo ao mesmo tempo, às vezes eu me sentia meio perdida, sem norte. Mas tudo estava nos planos de Deus, e o resultado foi positivo. Fui eleita para vereadora na legislatura de 2021 a 2024.

A representatividade feminina nos espaços públicos tem quebrado preconceitos e promovido profundas mudanças significativas nas relações domésticas e sociais. É dessa forma que entendemos que as mulheres têm uma importante contribuição para dar à política. Hoje, as mulheres representam metade do eleitorado no Brasil. Porém, elas encontram grandes dificuldades em ocupar espaços de poder, ser eleitas ou ter voz ativa nas tomadas de decisões políticas. A não ocupação desses espaços deixa as mulheres à margem dos processos de elaboração das políticas públicas, além de enfraquecer a democracia. É necessário fomentar ações afirmativas que intensifiquem os debates, com o objetivo de identificar e analisar sob a perspectiva de gênero a formulação de iniciativas legislativas e políticas de Estado, que fortaleçam a representatividade política das mulheres, proporcionando a equidade de gênero na política. Nem sempre concordamos com tudo, política pública é algo complexo e desafiante, porém é preciso pensar no desenvolvimento dos municípios, e consequentemente o todo estará em desenvolvimento.

O aprendizado é diário e são muitos os desafios. Hoje entendo a importância do envolvimento e discussão sobre essa temática e compreendo o porquê do interesse de meu pai em acompanhar os acontecimentos políticos. E às vezes me questiono se esse interesse meu repentino pela política eu talvez tenha herdado de meu pai.

A política pública está presente em todas as ações que envolvem a comunidade. Porém muitas pessoas não percebem nem querem se envolver ou tentam buscar algum benefício próprio.

Esta experiência no Poder Legislativo me proporcionou uma nova leitura de mundo. Me sinto atuante, reflexiva e crítica perante as políticas públicas desenvolvidas atualmente em nosso país. Sinto-me orgulhosa por fazer parte da história do município. Com certeza darei o meu melhor para deixar a minha marca como vereadora nos trabalhos realizados no Poder Legislativo, contribuindo para o bom desenvolvimento do município de Vera Cruz do Oeste, PR.

A política partidária é necessária para definir e traçar os rumos dos municípios e estados. Mas infelizmente se percebe, em alguns líderes políticos, muita politicagem, um tentando denegrir o outro, deixando a desejar sobre as propostas e projetos dos governantes.

Diante disso percebo que é importante o trabalho dos vereadores, pois, além de legislar, criar leis e fiscalizar, o vereador é o primeiro a ser procurado pela população, que reivindica as necessidades de seus bairros e comunidade.

Nosso papel como ser humano acrescenta lições únicas de como enfrentar a vida de maneira valiosa e responsável. Depois de muita luta, a mulher deixou de ser apenas uma figura secundária, sem direitos, à margem do grupo social e numa esfera de preconceito, e vem conquistando o seu espaço, para virar voz ativa e liderar campanhas em prol de um mundo justo e solidário. Precisamos de pessoas que busquem políticas públicas que venham ao encontro de todas as necessidades educacionais, da saúde, agro, economia e demais esferas. Pensando sempre no bom desenvolvimento do município.

Arquivo pessoal: Legislatura 2021-2024

     Até o momento que fiz esta foto o título do livro não estava definido, eu tinha algumas ideias, mas nada concretizado. Mas de repente, ao conhecer o fotógrafo Wilson Soares Fernandes, excelente profissional, que estava na câmara Municipal de Vereadores para fazer algumas fotos, falei que iria usar uma das fotos no livro que eu estava escrevendo. Ele me perguntou qual seria o título, falei que não havia definido ainda. Mas ao mostrar uma ilustração do livro, que eu tinha no celular, ele me disse assim: "vou fazer uma leitura dessa ilustração e você anota aí". Foi assim que surgiu a sugestão do título: *Desde ontem até amanhã*.

FOCO NA SOLUÇÃO

Iniciei este capítulo do livro exatamente hoje, sábado, dia 6 de maio de 2023, dentro do Hospital Norte do Paraná, "Honpar". No dia 1º de maio, o meu esposo sofreu um infarto, foi atendido pelo Dr. João Benez Marino, no hospital de Vera Cruz do Oeste, PR. Temos imensa gratidão ao Dr. João pelo excelente trabalho realizado, pois não mediu esforços buscando recursos e informações para dar um diagnóstico rápido e preciso, fazendo os encaminhamentos necessários com atendimento ético, humanizado, com carinho e empatia aos pacientes. Na madrugada do dia seguinte, ele foi transferido de helicóptero pelo Samu para o Hospital Honpar, em Arapongas, PR, onde permaneceu alguns dias internado, realizando alguns exames, inclusive o cateterismo. Então, nós estávamos esperando o resultado do laudo para uma possível alta para o dia seguinte. E na visita diária do cirurgião cardíaco, recebemos o resultado do laudo do cateterismo.

Arquivo pessoal

No dia 4 de maio, recebemos o diagnóstico de que meu esposo estava com um problema grave no tronco do coração e precisava fazer uma cirurgia e colocar duas pontes de safena. Naquele momento lembrei-me do dia em que tivemos o diagnóstico do descolamento de retina o qual ocasionou o problema de visão. Novamente perdemos o chão, pois meu esposo sempre teve uma saúde de ferro, até então o único problema dele era a visão. Ficamos uns momentos desnorteados até que a ficha caiu. No dia seguinte, o médico passou e disse que a cirurgia seria na terça-feira, dia 9 de maio.

Apesar de tudo que estamos passando, nós só temos que agradecer a Deus por colocar em nossas vidas os médicos e equipes que realizaram os procedimentos corretos no momento e lugar certos.

Durante os dias que passamos no Hospital Honpar, vivenciamos momentos que foram uma lição de vida. Conhecemos pessoas que estão internadas aqui de todos os cantos do Brasil. Pessoas que chegam muitas vezes pensando como nós, que iríamos embora no outro dia, e acabam recebendo algum diagnóstico a partir do qual necessitam ficar internados por mais tempo, precisando assim improvisar e se organizar para uma nova rotina. Citarei aqui algumas pessoas que nos marcaram de alguma forma.

O seu Denisio Nocera, de Faxinal, PR, muito comunicativo e prestativo a ajudar a todos. Ele estava ansioso aguardando o resultado do laudo do cateterismo e hoje, dia 10 de maio, teve alta hospitalar, não precisou fazer cirurgia. Quando eu falei para ele do livro, me mandou o seguinte relato:

"Faço parte desta obra, porque apesar do local Deus me deu o privilégio de conhecê-los e de estarmos dividindo o mesmo leito, onde conseguimos vislumbrar que na vida não existe diferença, em certos momentos que passamos somos todos iguais. Experiência que adquirimos para transmitir aos nossos descendentes e mostrar que a humildade constrói o paraíso que habitamos onde nós passarmos" (Denisio Nocera).

O seu José Aparecido de Melo, de Sapopema, PR; quando ele falou o nome do município, logo imaginei que lá tinha muitos sapos, mas diz ele que lá não tem muito sapos não, a origem do nome vem de uma árvore lá do município. O seu "Zé" tem um coração gigante, que não cabe no peito, muito generoso, atencioso com os amigos.

Ele também é muito ansioso e emotivo e demonstrava isso diariamente em suas lágrimas, porém a sua companhia nos transmitia paz. Quando nós chegamos lá, ele já estava hospitalizado desde o dia 30 de abril. E conforme o laudo do cateterismo, também terá que fazer uma cirurgia parecida com a que o meu esposo fez. Sua filha lhe fazia companhia, ela também é muito atenciosa e prestativa. Também esteve com ele a sua esposa, que devido ao trabalho não pôde ficar muitos dias.

Em conversa com ele hoje, me disse que ainda não está agendada a cirurgia. Ele está inseguro e ansioso no aguardo do momento certo para passar por esse procedimento. Após perguntar notícias hoje de meu esposo, falei para ele que gostaria de citar o nome dele neste capítulo do livro, ele me respondeu assim, conforme relato a seguir:

"De agora em diante, vocês fazem parte de minha vida também, seria o maior prazer pra mim a senhora fazer isso. Apesar de ter conhecido vocês num momento difícil pra nós, foi muito bom conhecer pessoas maravilhosas como vocês. Eu sou assim mesmo, sou muito querido pelos meus amigos, esse é o meu maior orgulho" (José Aparecido de Melo).

Seu Zé, o senhor é um ser iluminado por Deus, o privilégio foi nosso de ter a oportunidade de conhecer uma pessoa de tamanha humildade e com um coração gigante, que nos transmitiu paz e aconchego, em um dos momentos mais difíceis de nossas vidas. Em todos os momentos, você sempre demonstrou empatia pelas pessoas. Que Deus abençoe que a cirurgia saia logo e ocorra tudo bem, com as graças de Deus.

No dia 24 de maio, recebi uma mensagem de sua filha dizendo que o seu Zé havia realizado a cirurgia e que ocorreu tudo bem, graças a Deus.

O Wilson Pureza de Oliveira é do município de São João da Baliza, Roraima; quando nós chegamos lá no hospital, ele já estava desde o dia 19 de abril esperando vaga para realizar a cirurgia que ocorreu no dia 4 de maio. Durante a cirurgia, foi tudo bem, graças a Deus, em seguida passou pelo tratamento intensivo na UTI, e hoje ele se encontra no leito hospitalar em recuperação, logo terá alta, se Deus quiser. Ele estava acompanhado de sua irmã, Elizangela Pureza de Oliveira, do município de Boa Vista, capital de Roraima. De sorriso largo, ela é dona de um coração gigantesco, sempre muito comunicativa, carinhosa e prestativa com todos. Logo que nos conhecemos, já foi oferecendo o seu quarto no hotel para eu dividir com ela, enquanto não surgisse vaga em outro quarto.

Pessoas de uma grande simplicidade que nos transmitem muitos ensinamentos, amor e paz nesses momentos de dificuldades. Diante disso consolido ainda mais em meu coração que são as pequenas coisas que fazem grandes diferenças. Foi um privilégio ter a oportunidade de conhecê-los, gratidão por cruzar o meu caminho. Que Deus abençoe a recuperação e o retorno para os seus lares.

Arquivo pessoal: Elizangela P. de Oliveira

Hoje, dia 18 de maio, recebi a notícia de que o Wilson Pureza de Oliveira sofreu umas paradas cardíacas e não resistiu. Há exatamente quatro dias, estávamos juntos lutando no mesmo barco. Que Deus conforte o coração dos familiares e amigos.

Conhecemos também o Fabio Antônio do Amaral, do município de Jandaia do Sul, ele disse que passou por excesso de estresse o qual resultou em problemas de saúde. Ele também aguardava o resultado do cateterismo. No dia 9 de maio, saiu o resultado e então foi liberado para voltar para casa, mas deve seguir alguns cuidados com a saúde daqui para a frente. Ele tem um grande coração, e estava sempre disposto para ajudar quem precisava. Pensa num rapaz ansioso, mas também muito extrovertido e comunicativo, sempre com um sorriso no rosto, animava todos contando suas histórias de vida.

Conhecemos muitas outras pessoas, cada uma com sua história de vida. Presenciei também pessoas com idade avançada e debilitadas que precisavam de cuidados especiais, e que estavam sem acompanhantes, ou seja, dependiam totalmente dos(as) enfermeiros(as). Nesse sentido os acompanhantes dos outros pacientes ajudavam na medida do possível. Na rotina de todas as equipes, médicos, enfermeiros, limpeza, administrativo, alimentação, enfim em todas as funções, pode-se observar uma sobrecarga de trabalho. É uma rotina desgastante e cansativa; pelo número de funcionários, a demanda é excessiva. É um vai e vem diário, incansável, naqueles corredores do hospital.

Ah, nos dias que meu esposo ficou na UTI, eu tive que pegar um quarto de hotel, pois não podia ficar no hospital. E lá conheci muita gente humilde e guerreira; tive a oportunidade de conviver uns dias com eles. A maioria eram de Roraima, e vieram em busca de recursos na área da saúde, pois o estado deles não atende à demanda de cirurgias dessas complexidades. Todos estavam longe de seus lares há dias, estavam em tratamento médico e por ser longe não compensava

Arquivo pessoal: Dona Tiana

voltar, pois logo teriam o retorno médico, então preferem esperar por aqui mesmo e se adaptar à nova rotina. Mas nas conversas que tive pude perceber a angústia da espera pela volta para casa. Todos são muito generosos e prestativos, logo me convidaram para almoçar com eles.

A Dona Tiana fez aquele almoço caseiro, jamais esquecerei o sabor. Sabor esse que trouxe uns momentos de prazer e aconchego de família, em meio a tanta angústia e dor. Dona Tiana, e todos os outros que conheci na pousada, muito obrigada por cruzar o meu caminho, e pela oportunidade de conhecer pessoas tão humildes e com o coração tão gigante de amor. Vocês são uma grande lição vida, com muita garra e determinação. Que Deus abençoe a saúde de cada um e o retornos para os seus lares.

A rotina aqui no hospital é pesada e angustiante, a todo momento se ouve o barulho da sirene do Samu ou do helicóptero. As filas são enormes em todos os setores, são pessoas de vários estados, que buscam por consultas, cirurgias e tratamentos. As equipes de trabalho não medem esforços para atender a todos com empatia e equidade de direito. Minha eterna gratidão a todos pelos trabalhos realizados durante o período do dia 1º a 15 de maio, em que ficamos aqui no hospital Honpar em Arapongas. Que Deus ilumine e guie cada um de vocês, médicos, enfermeiros, equipe de limpeza, alimentação, administrativo...

A cirurgia do meu esposo, Marcos, teve início no dia 9 de maio, às 10h, foram horas de espera e angústia, até que às 17h o doutor me chamou na porta do centro cirúrgico e disse que foi uma cirurgia bem complexa, mas que tinha ocorrido tudo bem, graças a Deus.

No dia 10 de maio, às 15h30 farei a primeira visita na UTI para ver como o meu esposo passou do pós-cirúrgico. Estou ansiosa e com o coração cheio de fé de que vou encontrar ele bem, com as graças de Deus.

Chegou o momento e, quando entrei naquela imensa UTI, logo avistei ele, e quando me aproximei, me reconheceu e falou comigo, então, percebi que estava consciente, foi uma emoção muito grande.

Ele foi logo pedindo água, então falei com o enfermeiro e ele autorizou dar meio copo de água com o canudinho. Conversamos um pouco e ele segurou forte a minha mão, daí perguntou dos filhos. Em seguida o médico passou e disse que ele teve uma hemorragia às 2h da manhã e perdeu sangue. Falou que a equipe médica foi ágil e encaminhou-o para o centro cirúrgico, onde a equipe médica fez outra cirurgia novamente. Somente de manhã ele retornou para a UTI. O médico estava otimista, apesar de ser uma cirurgia de grande complexidade, e em poucas horas ter de retornar ao centro cirúrgico. Diante disso, o histórico de saúde dele está contribuindo para a boa recuperação, pois ele está consciente e respondendo a todos os estímulos.

Graças a Deus, o dia de hoje foi de bênçãos, espero que na visita de amanhã o quadro de evolução dele seja ainda melhor, se Deus quiser.

Hoje, dia 11 de maio, quando entrei na UTI, de longe já percebi que ele estava mais ativo. Percebi que estava menos inchado, mais consciente e falante do que no dia anterior e respondendo bem a todos os estímulos. O médico me disse que ele ainda teve um sangramento, mas que é normal. Está recebendo sangue desde ontem e já começou a se alimentar. Falou que, se ele continuar reagindo assim, provavelmente terá alta da UTI para o quarto no sábado, dia 13 de maio. Hoje saí de lá muito otimista diante do progresso na evolução do quadro clínico dele.

Nesses dias que ele está na UTI, eu fiz uma rotina de atividades físicas com caminhada e exercícios na academia dos idosos que encontrei aqui na praça. Preciso me fortalecer psicologicamente e fisicamente para estar bem para quando ele voltar para o quarto novamente, pois irá precisar de mim 24 horas ao lado dele. Meu lema é "Foco na Solução", então não poderia ser diferente, sempre me planejando com pensamentos positivos.

Já é dia 12 de maio, é o terceiro dia de UTI, e de repente recebo uma mensagem do hospital. Meu coração disparou!

Foi a melhor mensagem que já recebi, graças a Deus ele teve alta da UTI e está no quarto hospitalar seguindo com o tratamento. Se Deus quiser, logo teremos alta para casa.

A recuperação foi dentro do esperado e no dia 15 de maio tivemos alta hospitalar. Em casa com o carinho e conforto da família com certeza a recuperação terá um êxito melhor. É preciso ter paciência para a recuperação, que é de 90 dias, depois é vida que segue. Graças a Deus, a pior fase já passou.

Sempre me imaginei escrevendo este capítulo sobre o tema "foco na solução", pois é algo que pratico no meu dia a dia. Mas não esperava ter iniciado dentro de um hospital, passando um momento tão difícil.

Na dinâmica da vida, são muitos os desafios que enfrentamos, mas temos que ter fé, pensamento positivo e focar sempre a solução. Pois pensamentos positivos atraem coisas positivas, além de alegrar e contagiar as pessoas que nos cercam, de positividade.

Arquivo pessoal

Por pior que seja a situação, esprema e olha o lado bom, que na maioria das vezes não conseguimos ver, mas são os detalhes que fazem a diferença.

Se focarmos a solução, iremos ver novos caminhos e possibilidades de novas ações. Porém, se focarmos o problema, só veremos dificuldades pela frente, e o problema irá virar uma bola de neve.

A cada novo dia, sempre há uma oportunidade de escrevermos uma nova página no livro de nossa vida. Hoje, dia 26 de maio de 2023, quando eu estava tomando o meu café da manhã na área da minha casa, avistei esse lindo nascer do sol. E ao contemplá-lo comecei a agradecer a Deus por mais um dia de vida!

Acho incrível tanto o nascer quanto o pôr do sol. Vejo nesses espetáculos as maravilhas de Deus…

Arquivo pessoal

Eu moro em uma chácara a 300 metros da cidade de Vera Cruz do Oeste. E todas as manhãs tenho a oportunidade de ter essa vista do nascer do sol antes de ir ao trabalho. Amamos morar nesse município, aqui na chácara dormimos com os barulhos dos sapos e acordamos com o cantar dos sabiás. E durante o café da manhã tenho a oportunidade de apreciar o espetáculo do nascer do sol. A temperatura nessa região é agradável e a geografia contribui para as belas paisagens.

Temos que nos permitir e contemplar as pequenas coisas, pois são elas que fazem a diferença em nossas vidas. Observar as maravilhas da natureza, e as grandezas dos detalhes das mãos de Deus!

E guardar os bons momentos em nossos corações, pois quanto mais falarmos desses momentos, mais vivos ficarão em nossas memórias. As coisas ruins que acontecem em nossas vidas sempre vêm para nos ensinar algo. Então fale sobre esses momentos, e não guarde em seu coração. Jogue fora as mágoas e rancores… e sua vida ficará mais leve e feliz. Ao invés de tentar mudar a situação, controle sua reação diante dela, então a situação mudará. Proteja seu coração de toda ansiedade ou preocupação. Que a fé floresça e ilumine o caminho que escolher trilhar, e faça brotar oportunidades e colher acertos. Não fique olhando para trás, você já sabe o que tem lá. É para a frente que se olha e caminha. Problemas fazem parte da vida, enfrentá-los é a arte da vida. Comece seu dia com uma oração agradecendo pela vida e tudo mais!

Foque os momentos e memórias boas, vibre, comemore e encha o seu coração de bons sentimentos. Só assim ele irá transbordar coisas boas!

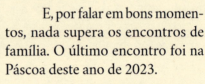

Arquivo pessoal

E, por falar em bons momentos, nada supera os encontros de família. O último encontro foi na Páscoa deste ano de 2023.

Nos reunimos e tínhamos um motivo a mais, e muito especial, para comemorarmos. Pois o meu sobrinho Vinícius havia chegado dos Estados Unidos, trazendo com ele a sua maior riqueza, que é a sua família completa. E nós, os Irmãos Buscapé, aproveitamos para fazer mais um registro dos seis juntos novamente (eu de pink).

Os encontros de família sempre foram uma tradição, passada de geração para geração. Nossos pais faziam questão de proporcionar esses encontros. E nós vamos dar continuidade, se Deus quiser.

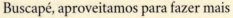

Arquivo pessoal: neste dia a família estava quase completa

Quero deixar aqui uma dedicatória especial ao meu esposo, Marcos Ribas. Passamos juntos por muitos momentos desafiantes. Mas nunca perdemos a união e a

Arquivo pessoal

fé em Deus. O sonho de comprar uma chácara para criarmos nossos filhos na natureza, e também ter mais conforto para o problema de sua visão, foi uma busca árdua, mas nós conseguimos realizar, com as graças de Deus, e morar aqui no município de Vera Cruz do Oeste, PR, é gratificante.

Hoje, com nossos filhos já crescido e encaminhados, quero focar ainda mais a qualidade de vida. Pois às vezes o menos é mais... e nada substitui a saúde, a paz e o amor da família.

Espero que possamos comemorar ainda muitos momentos como esse, e principalmente com o aconchego da família reunida.

Gratidão, por sempre estar ao meu lado e ser o meu maior incentivador em todos os nossos projetos de vida. Te amo para todo o sempre!

Melhor do que viajar e conhecer novos lugares, é poder compartilhar e colecionar momentos incríveis, criando lembranças eternas com familiares e amigos. Quero agradecer as minhas amigas mochileiras e parceiras de viagens! Queila, Dolores, Joseclari, Mari e Nice. Obrigada pela oportunidade de vivenciar tantos momentos maravilhosos, em meio a tantas gargalhadas... Que Deus me permita seguir conhecendo lugares, realizando sonhos e desfrutando sempre de boas companhias.

Arquivo pessoal: minha família (chácara em Vera Cruz do Oeste)

    Minha família é a minha base, é onde seguimos construindo nossa história de vida e amor incondicional. É no aconchego da família que temos o conforto para dar sentido à vida. Quero deixar este registro para que meus filhos e futuros netos possam ter o conhecimento de alguns momentos marcantes que passamos na vida. Saber como eram as brincadeiras antigas, o valor que dávamos aos estudos e aos Professores. O respeito aos pais e aos mais velhos. E que, apesar de termos uma infância e adolescência difícil, éramos muito felizes com o que tínhamos.

E assim como eu tenho a lembrança de meu primeiro Professor de infância, sei que os ensinamentos com carinho e incentivos que ele passava para seus alunos foram o que me motivou a me tornar a mulher e profissional que sou. Pois um Professor tem em suas mãos o poder de deixar marcas e transformar a vida de uma criança. Essas marcas podem ser positivas, assim como foram as minhas, ou negativas e deixar traumas na vida de um aluno. Por isso a responsabilidade de um Professor é muito grande.

Nesse sentido, eu enquanto Professora faço o meu máximo, pensando sempre no aprendizado e desenvolvimento do todo dos alunos. Amo o que faço e faço com muito amor. O meu maior sonho enquanto Professora é ter a oportunidade de deixar marcas positivas na vida de meus educandos. Falo sempre para eles que são muito inteligentes e que podem ser o que quiserem, basta querer, acreditar e se dedicar que alcançarão os seus objetivos. Sempre focando a solução e as coisas positivas da vida. A conclusão desta obra é mais uma forma de incentivá-los ao hábito da leitura e da escrita.

E quem sabe um dia terei um feedback de um aluno meu, falando das marcas positivas que deixei na vida dele. Aí sim será a realização de um sonho!!!

"Os rios não bebem sua própria água; as árvores não comem seus próprios frutos. O sol não brilha para si mesmo; e as flores não espalham sua fragrância para si. Viver para os outros é uma regra da natureza... A vida é boa quando você está feliz; mas a vida é muito melhor quando os outros estão felizes por sua causa."

(Papa Francisco)

Quero registrar aqui a minha eterna gratidão primeiramente a Deus, sem ele nada seria possível, aos meus pais (*in memoriam*), que foram o meu alicerce, à minha família, meus irmãos, amigos e a todos que de uma forma ou outra cooperaram para realização desta obra. E quando a dúvida bateu sobre qual título colocar e como fazer a capa... Deus me deu uma luz e logo veio à minha memória a minha amiga e professora, Rosangela Morvan, que aceitou o convite dando ideias para a capa do livro, e também algumas ilustrações das histórias descritas. E o fotógrafo Wilson Soares Fernandes, que fez a sugestão do título do livro, o qual veio complementar esta obra. Quero agradecer também ao meu amigo e escritor Antônio Roberto Bernine, o "Rochinha", por ter me incentivado a dar início a esta obra. Obrigada a todos por cruzarem o meu caminho.

Por fim, desejo muita positividade a você que chegou ao final da leitura do livro *Desde ontem até amanhã*, que Deus abençoe a sua vida e de seus familiares.

"Então... eu acreditei em mim mesma, confiei que era possível. E com as graças de Deus conquistei o meu sonho, e concluí esta obra. Foram inúmeras noites de trabalho e dedicação. Por muitas vezes, me questionei se iria conseguir chegar ao final... mas eu cheguei!!!".

Nelci Lucas, em 6 de junho de 2023.

E aquela menina sonhadora se transformou em uma mulher e continua sonhando...

Ninguém ignora tudo.
Ninguém sabe tudo.
Todos nós sabemos alguma coisa.
Todos nós ignoramos alguma coisa.
Por isso aprendemos sempre.

(Paulo Freire)